# Recel et blanchiment

*Nouvelles sources de cumul de qualifications*

# BIBLIOTHÈQUES DE DROIT

*COLLECTION FONDÉE ET DIRIGÉE PAR JEAN-PAUL CÉRÉ*

Cette collection a pour vocation d'assurer la diffusion d'ouvrages scientifiques sur des thèmes d'actualité ou sur des sujets peu explorés dans le domaine des sciences juridiques. Elle se destine notamment à la publication de travaux de jeunes chercheurs.

**Dernières parutions :**

H. CAPPADORO, Les sens de la peine

M. BONNARD, Le statut juridique de l'assistance médicale à la procréation

C. LE ROUX, L'infraction politique

E. MANGIN, L'univers carcéral, la mère détenue et son enfant

P. LAURENT, L'incohérence des lois de circonstances en matière pénale

P. GOASDOU, L'impartialité du Ministère public

M. GERMAIN, Essai sur l'influence du pédophile à l'égard du silence des tiers

F. LOUISE, Droit de grâce sous la Ve République

C. MORALES, Le droit animal

C. MENABE et M. MARTINELLE (dir.), L'enfant en prison

Y. JEANNERET, A. KUHN et B. LAPEROU-SCHENEIDER, Droit pénal français et droit pénal suisse

B. BARRAUD, Le pragmatisme juridique

BIBLIOTHÈQUE DE *DROIT PENAL*

Théo Touzeau

# Recel et blanchiment

*Nouvelles sources de cumul de qualifications*

Préface de Gildas Roussel

L'Harmattan

**5-7, rue de l'Ecole-Polytechnique, 75005 Paris**

http://www.editions-harmattan.fr

ISBN : 978-2-343-16624-7
EAN : 9782343166247

# Remerciements

Je tiens tout d'abord à remercier Monsieur Gildas Roussel qui m'a prodigué de judicieux conseils et qui m'a encouragé à persister dans l'orientation de mon travail malgré les doutes qui ont pu, à certaines occasions, me traverser.

Je tiens également à remercier Monsieur Jean Danet de m'avoir fait l'honneur de siéger à la soutenance de ce mémoire et de m'avoir fait part de ses réflexions éclairées à cette occasion.

Mes remerciements s'adressent aussi à mes parents, Elisabeth et Jean-François, et à mon frère, Mathias, pour leur indéfectible soutien.

Enfin, je remercie mes amis, et en particulier mes camarades de promotion Laurie et Romain, qui ont fait de cette année universitaire une année si particulière.

*A mes grands-pères,*

# Principales abréviations

al. ........................................ Alinéa
Art ........................................ Article
Bull crim. Bulletin des arrêts de la Chambre criminelle de la Cour de cassation
Cass. crim ........................................ Chambre criminelle de la Cour de cassation
C. pén ........................................ Code pénal
C. pr. pén ........................................ Code de procédure pénale
Comm ........................................ Commentaire
Dt. pénal ........................................ Revue Droit pénal
Ed ........................................ Edition
Gaz. Pal ........................................ Gazette du Palais
Ibid. ........................................ Ibidem
JO ........................................ Journal Officiel
Obs. ........................................ Observations
Op. cit ........................................ Opus citatum
JCP ........................................ Jurisclasseur, La semaine juridique
p. ........................................ page(s)
PUF ........................................ Presse Universitaire de France
RSC ........................................ Revue de science criminelle et de droit pénal comparé
RPDP ........................................ Revue pénitentiaire et de droit pénal
S ........................................ Recueil Sirey
t ........................................ Tome
V ........................................ Voir

# Préface

Quand un enseignant propose un sujet à des étudiants de Master 2, il espère évidemment que ce sujet sera choisi et qu'il sera bien traité. Pour autant, il n'est pas rare que des sujets ne trouvent pas preneur en raison de leur thématique ou de leur complexité. Il n'est pas rare non plus que le traitement soit décevant ou incomplet. La faute au sujet peut-être mal posé, à l'étudiant parfois peu inspiré ou encore à l'enseignant qui n'a pas réussi à le diriger. Dès lors, un sujet portant sur les infractions de conséquences pouvait très bien ne pas séduire un étudiant, fût-il inscrit dans l'excellent Master 2 Droit pénal et sciences criminelles de l'Université de Nantes. Il pouvait aussi ne pas être bien traité.

Après tout, un tel sujet mélangeant droit pénal général et droit pénal spécial, nécessitant de se plonger dans la subtilité de la doctrine et les méandres de la jurisprudence peut faire peur. Le traiter constitue un challenge non négligeable pour un étudiant pénaliste de cinquième année.

En effet, il impose, excusez du peu, de passer derrière la Cour de cassation et les analyses d'une doctrine pointue au premier rang de laquelle figure Monsieur Paul Cazalbou, auteur d'une remarquable thèse sur ce sujet.

Ce challenge, Monsieur Théo Touzeau, l'a plus que relevé. Il l'a dépassé. Il a su prendre ce sujet à bras le corps non sans y consacrer une intense réflexion, laquelle a évolué et mûri tout au long de l'année de Master 2. Il fallait assimiler les arrêts et travaux consacrés, reprendre les grands principes et les grandes distinctions du droit pénal. Pour autant, Monsieur Touzeau ne s'est pas contenté d'une bonne synthèse. Non. Il a pesé les arguments favorables à l'autonomie des infractions de conséquences et ceux défavorables. Puis il a tranché. Pris position. Démontré cette position de telle manière que le lecteur, au premier rang duquel son directeur, ne peut qu'être convaincu. Il a fait œuvre de doctrine. D'une doctrine solide théoriquement et utile pour la pratique.

Il ne faut pas s'y tromper. Après la lecture de cet ouvrage, l'universitaire aura matière à réfléchir sur le cumul proposé. Le parquetier spécialisé en matière économique et financière trouvera quant à lui tous les arguments pour poursuivre sur deux fondements en cumulant les qualifications. Quant au juge, et bien il aura la possibilité de faire jurisprudence. L'avocat de la défense pourra en revanche s'avérer fort marri de ce cumul. Il faut bien des mécontents.

Que demander de plus à un étudiant en fin de formation universitaire ?

Il faut lui demander une chose et une seule. Réussir professionnellement à la hauteur des qualités révélées par ce travail. Nul doute que ce challenge-là sera tout aussi réussi et dépassé.

Paris-Brest, le 6 septembre 2018.

Gildas ROUSSEL
Maître de conférences à l'Université de Bretagne Occidentale

# Introduction

L'incrimination de blanchiment fait l'objet d'une actualité jurisprudentielle très importante depuis une quinzaine d'années. Si les décisions prononcées à son encontre suscitent toujours de nombreuses réactions au sein de la doctrine, c'est qu'elles consacrent des solutions originales, inconnues du recel de choses. Or, ces deux infractions appartiennent à une même catégorie d'infractions, les infractions de conséquence, ce qui pourrait laisser supposer que les solutions retenues en matière de recel de choses trouvent à s'appliquer pour le blanchiment.
Le recel de choses constitue en effet l'infraction la plus ancienne de la catégorie. Elle trouve son origine au-delà du droit romain, bien que ce soit dans ce dernier que l'on trouve trace d'une distinction des formes de complicité par commandement, mandat, concert, conseil, aide et assistance et recel[1]. C'est qu'en effet, le recel de choses, bien qu'intervenant postérieurement à la commission d'une infraction, a longtemps constitué un acte de complicité. Si son incrimination a fait l'objet de plusieurs évolutions depuis le Code pénal de 1810, la plus importante est intervenue par la loi du 22 mai 1915 qui a opéré son transfert de la partie générale du Code à sa partie spéciale. Cette modification permettait dès lors d'incriminer le recel de choses comme un délit distinct, et d'affranchir ainsi sa répression des inconvénients que l'incrimination au titre de la complicité

---

[1] LAINGUI (V.), *La théorie de la complicité dans l'ancien droit pénal*, Tijdschrif voor rechtgeschiebenis, 1977, Tome XLV, p28 *in* CAZALBOU (P.), *Etudes de la catégorie des infractions de conséquence : contribution à une théorie des infractions conditionnées*, Bibliothèque de sciences criminelles, Tome 63, LGDJ, 2016, §1

emportait[2]. L'infraction de blanchiment est quant à elle plus récente, puisque son incrimination au titre de délit distinct et général date de 1996[3]. Auparavant, le Code pénal prévoyait seulement des incriminations de blanchiment spécifiques, telles que le blanchiment de l'argent issu du trafic de stupéfiants[4] ou le blanchiment douanier[5]. C'est cette différence « d'ancienneté » qui justifierait que le recel de chose soit la référence de la catégorie et que dès lors le régime juridique du blanchiment soit calqué sur le sien[6].

Pourtant, le blanchiment connaît des évolutions que la jurisprudence refuse depuis très longtemps d'appliquer au recel de choses. C'est qu'en effet la Cour de cassation a admis que le blanchiment pouvait être retenu à l'encontre de l'individu qui procéderait au blanchiment du produit de sa propre infraction[7], solution rejetée classiquement en matière de recel[8] au point que ce refus a pu être qualifié de « *dogme* » du droit pénal[9]. Une première interrogation intervient alors. Si le recel est la référence de la catégorie, et que son cumul avec la qualification de l'infraction d'origine[10] est

---

[2] Rapport du sénateur Pouille et celui du député Girard-Madoux, Recueil Dalloz, 1918, IV, 159 : l'incrimination de recel au titre d'une infraction distincte devait permettre au recel de s'autonomiser de la prescription de l'infraction principale et de la compétence juridictionnelle à l'égard de celle-ci

[3] Loi n° 96-392 du 13 mai 1996 relative à la lutte contre le blanchiment et le trafic des stupéfiants et à la coopération internationale en matière de saisie et de confiscation des produits du crime

[4] Loi n°87-1157 du 31 décembre 1987

[5] Loi n°88-1159 du 23 décembre 1989

[6] Voir en ce sens : LEPAGE (A.), MATSOPOULOU (H.), *Droit pénal spécial*, Thémis, 2015, §922 : *« étant donné que le blanchiment est comme le recel un délit de conséquence [...] on a du mal à comprendre la position de la Cour de cassation qui refuse d'appliquer dans le domaine du blanchiment la solution qu'elle a expressément consacrée en matière de recel »*

[7] Cass. Crim., 14 janvier 2004, pourvoi n° 03-81.165 ; Cass. Crim., 20 février 2008, pourvoi n°07-82.977 ; Pour une décision récente : Cass. Crim., 14 juin 2017, pourvoi n°6-84.921

[8] Cass. Crim., 15 décembre 1949, Bull crim n° 350

[9] DETRAZ (S.), Recel de fichiers clients d'une entreprise, note sous Cass. Crim., 20 oct. 2010, n° 09-88.387, inédit, *JCP 2010*. 1273

[10] L'infraction dont sont issus la chose objet de recel ou les produits objets du blanchiment peut être aussi bien qualifiée d'infraction préalable, d'infraction

expressément rejeté, le cumul ne devrait-il pas être rejeté pour toutes les infractions appartenant à la catégorie ?

La possibilité de reprocher à un même individu le blanchiment du produit d'une infraction qu'il a lui-même commise, que l'on présente sous le terme d'« auto-blanchiment », a fait l'objet de vives critiques d'une partie de la doctrine. Certains auteurs reprochent en effet aux juges de traiter différemment le blanchiment du recel de choses alors même qu'ils appartiennent à la même catégorie d'infractions. Il a ainsi été pu être affirmé qu' *« étant donné que le blanchiment est comme le recel un délit de conséquences [...] on a du mal à comprendre la position de la Cour de cassation qui refuse d'appliquer dans le domaine du blanchiment la solution qu'elle a expressément consacrée en matière de recel »*[11] ou que *« l'infraction de blanchiment étant, comme le recel, une infraction de conséquence, cette seule nature particulière devrait interdire la répression de « l'auto-blanchiment », à la façon dont elle prohibe la sanction de l' « auto-recel » »*[12]. Selon le Professeur Philippe Conte, c'est la nature même d'infraction de conséquence qui s'opposerait alors à l'existence d'une telle disparité des solutions.

Les infractions de conséquence sont définies par la doctrine comme des infractions « *dont la consommation présuppose la commission d'une infraction préalable* »[13]. Il serait vain d'en chercher une définition légale puisque le législateur ne connaît pas les infractions de conséquence. Le recel de choses et le blanchiment sont incriminés au sein du Livre III du Code pénal, dans un Titre II intitulé « *Les autres atteintes*

---

primaire, d'infraction de référence ou d'infraction d'origine ; Voir en ce sens : DREYER. €, *Droit pénal spécial*, Ellipses, 3è édition, 2016, §1234

[11] LEPAGE (A)., MATSOPOULOU (H.), *Droit pénal spécial*, Thémis, 2015, §922

[12] CONTE (P.), Blanchiment. Element matériel de l'infraction, note sous Cass. Crim 28 octobre 2015, *Dt pénal n°1*, janvier 2016, comm. 3

[13] MAISTRE DU CHAMBON (P.), LEPAGE (A.), SALOMON (R.), *Droit pénal des affaires*, LexisNexis, 4è édition, 2015, §366

*aux biens* ». Ces infractions apparaissent alors simplement catégorisées comme des délits portant atteinte aux biens autres que les appropriations frauduleuses[14], au même titre que les destructions, dégradations, et détériorations[15] ou que les atteintes aux systèmes de traitement automatisé de données[16]. Bien que le recel ne vise pas uniquement le recel de choses puisque le Code pénal incrimine, dans un chapitre consacré aux « *atteintes à l'action de la justice* »[17], tant le recel de malfaiteur[18] que le recel de faux[19] et le recel de cadavre[20], la catégorie telle qu'envisagée classiquement ne regroupe que les deux infractions de recel de choses et de blanchiment[21]. La construction de la catégorie des infractions de conséquence à une autre infraction est donc purement doctrinale.

C'est René Garraud qui le premier a employé les termes de « *délits de conséquence* »[22] pour les incriminations visant les formes d'aide apportées à l'auteur d'une infraction après qu'il l'ait commise[23]. Contrairement à ce que cette appellation

---

14 Le Livre III du Code pénal est intitulé « *Des crimes et délits contre les biens* », le Titre *Ier « Des appropriations frauduleuses »*, et le Titre *II « Des autres atteintes aux biens »*. C'est dans ce dernier que l'on trouve l'infraction de recel de choses et celle de blanchiment

15 Livre II, Titre II, Chapitre II du Code pénal « *Les destructions, dégradations, et détériorations* »

16 Livre II, Titre II, Chapitre III du Code pénal « *Les atteintes aux systèmes de traitement automatisé de données* »

17 Livre IV du Code pénal « *Des crimes et délits contre la nation, l'Etat et la paix publique* », Titre *III « Des atteintes à l'autorité de l'Etat »*, Chapitre 4 : « *Des atteintes à l'action de la justice* »

18 Article 434-6 al. 1 du Code Pénal

19 Article 441-3 du Code pénal

20 Article 434-7 Code pénal

21 Voir en ce sens : LEPAGE (A.), MASTOPOULOU (H.), *Droit pénal spécial*, Thémis, 2015, §871

22 GARRAUD (R.), *Traité théorique et pratique du droit pénal français*, t.3, Sirey, 3è édition, 1916, §933 in CAZALBOU (P.), *Etudes de la catégorie des infractions de conséquence : contribution à une théorie des infractions conditionnées*, Bibliothèque de sciences criminelles Tome 63, LGDJ, 2016, §12

23 CAZALBOU (P)., *Etudes de la catégorie des infractions de conséquence : contribution à une théorie des infractions conditionnées*, op cit., §1

pourrait sembler impliquer, la commission de ces infractions n'est ni une suite logique de la première infraction ni ce qui est nécessairement produit par celle-ci[24]. L'infraction d'origine apparaît plutôt comme une condition indispensable à l'existence de l'infraction de conséquence que la cause génératrice de cette infraction[25]. Envisager que la nature même d'infraction de conséquence s'oppose au cumul de celle-ci avec l'infraction d'origine sur la tête d'un même individu, c'est donc considérer qu'une infraction, dont la commission suppose une infraction préalable, et cette dernière sont toujours exclusives l'une de l'autre. Or, une telle considération n'apparaît aucunement justifiée. Comme un auteur a pu très justement l'écrire, on peut affirmer avec conviction qu'il est impossible d'imputer l'infraction de conséquence à l'auteur de l'infraction préalable en invoquant la jurisprudence sur le recel, cela ne fait pas une démonstration. Pourquoi le recel devrait-il nécessairement être la référence de la catégorie ? Dès lors, de l'appartenance du recel de choses et du blanchiment à la catégorie des infractions de conséquence, il ne saurait être déduit aucune règle régissant leur imputation à l'auteur de l'infraction d'origine[26]. Puisque la nature d'infraction de conséquence ne s'oppose pas en tant que telle à l'admission du cumul de qualifications, une explication extérieure à la catégorie doit être envisagée pour comprendre que des solutions différentes soient retenues en fonction de l'infraction dont il est question. La disparité des solutions se justifierait-elle alors par volonté du législateur de voir appliquer des solutions différentes selon que l'on est en présence d'un blanchiment ou d'un recel de choses ?

---

[24] Définition du Larousse pour « conséquence »

[25] CAZALBOU (P.), *Etudes de la catégorie des infractions de conséquence : contribution à une théorie des infractions conditionnées*, op cit., §4

[26] CHILSTEIN (D)., Retour sur la question de l'auto-blanchiment, *Mélanges en l'honneur du professeur Jacques-Henri Robert*, LexisNexis, 2012, p96

Selon l'article 321-1 du Code pénal, *« le recel est le fait de dissimuler, de détenir ou de transmettre une chose, ou de faire office d'intermédiaire afin de la transmettre, en sachant que cette chose provient d'un crime ou d'un délit. Constitue également un recel le fait, en connaissance de cause, de bénéficier, par tout moyen, du produit d'un crime ou d'un délit. Le recel est puni de cinq ans d'emprisonnement et de 375 000 euros d'amende »*. Aucune disposition ne prévoit donc la solution à adopter lorsque l'individu à qui l'on reproche un recel est l'auteur de l'infraction dont est issue la chose. Un constat identique peut être fait pour le blanchiment. L'article 324-1 du Code pénal dispose en effet que « *Le blanchiment est le fait de faciliter, par tout moyen, la justification mensongère de l'origine des biens ou des revenus de l'auteur d'un crime ou d'un délit ayant procuré à celui-ci un profit direct ou indirect. Constitue également un blanchiment le fait d'apporter un concours à une opération de placement, de dissimulation ou de conversion du produit direct ou indirect d'un crime ou d'un délit. Le blanchiment est puni de cinq ans d'emprisonnement et de 375 000 euros d'amende* ». De nouveau, il n'est prévu aucune disposition relative à l'hypothèse d'un cumul de qualifications sur la tête de l'auteur de l'infraction d'origine par le législateur. Pourtant, de nombreuses législations étrangères pourraient l'inspirer. Presque toutes les législations du monde incriminent le blanchiment et le recel et nombreuses sont celles qui prévoient expressément la solution à adopter lorsque ces infractions sont reprochées à l'auteur de l'infraction d'origine. Ainsi, l'article 505 du Code pénal belge[27], qui incrimine le recel et le blanchiment, prévoit

[27] Article 505 du Code pénal belge : *"Seront punis [...] : 1° ceux qui auront recelé, en tout ou en partie, les choses enlevées, détournées ou obtenues à l'aide d'un crime ou d'un délit ; 3° ceux qui auront converti ou transféré des choses visées à l'article 42, 3°, dans le but de dissimuler ou de déguiser leur origine illicite ou d'aider toute personne qui est impliquée dans la réalisation de l'infraction d'où proviennent ces choses, à échapper aux conséquences juridiques de ses actes ; 4° ceux qui auront dissimulé ou déguisé la nature, l'origine, l'emplacement, la disposition, le mouvement ou la propriété des choses visées à l'article 42, 3°, alors qu'ils connaissaient ou devaient connaître l'origine de ces choses au début de ces opérations.*
*Les infractions visées à l'alinéa 1er, 3° et 4°, existent même si leur auteur est également auteur,*

explicitement que ces qualifications sont applicables à l'auteur, le coauteur ou le complice de l'infraction d'origine. De même, le Code pénal italien prévoit que la poursuite de l'auto-blanchiment est possible à l'exception des cas où le blanchiment consiste en un simple usage du produit issu de l'infraction d'origine par son auteur[28]. Puisque le législateur français n'a pas entendu trancher la question du cumul des qualifications, ni pour le blanchiment, ni pour le recel, c'est dans la jurisprudence qu'il convient alors de chercher le fondement de la distinction.

La Cour de cassation, lorsqu'elle a admis pour la première fois, dans un arrêt en date du 14 janvier 2004[29], le cumul des qualifications de l'infraction d'origine et du blanchiment sur la tête d'un même individu, s'est simplement contentée de préciser que « *l'article 324-1 alinéa 2 du Code pénal est applicable à l'auteur du blanchiment du produit d'une infraction qu'il a lui-même commise* ». Si cette solution ne permettait pas de mettre en exergue ce qui motivait véritablement les juges à admettre le cumul, la Cour de cassation est venue apporter, au gré des décisions rendues en matière de blanchiment, des précisions supplémentaires. Tout d'abord elle a confirmé dans un arrêt du 20 février 2008[30] sa jurisprudence en précisant que le blanchiment est une infraction générale, distincte et autonome[31]. Puis, dans un arrêt du 9 décembre 2015[32], les juges ont justifié l'admission de l'auto-

---

*coauteur ou complice de l'infraction d'où proviennent les choses visées à l'article 42, 3°."*

[28] C'est la loi du 15 décembre 2014 relative à la lutte contre le blanchiment d'argent qui a introduit cette possibilité, jusqu'alors le Code pénal italien prévoyait explicitement que le blanchiment ne pouvait être reproché à celui qui participe à l'infraction d'origine (Voir article 648-bis (Blanchiment d'argent) et 648-ter (Utilisation d'argent, de biens et d'avantages d'origine illégale) du Code pénal italien, les deux articles débutent par *« En dehors des cas de participation à l'infraction, celui qui... »*)

[29] Cass. Crim., 14 janvier 2004, pourvoi n° 03-81.165, Bull crim n°12

[30] Cass. Crim., 20 février 2008, pourvoi n° 07-82.977

[31] Voir aussi : Cass. Crim 24 février 2010, pourvoi n°08-82.957

[32] Cass. Crim., 9 décembre 2015, pourvoi n°15-83.204

blanchiment plus longuement. Ils énoncent ainsi : « *Qu'en effet, l'article 324-1, alinéa 2, du Code pénal, instituant une infraction générale et autonome de blanchiment, distincte, dans ses éléments matériel et intentionnel, du crime ou du délit ayant généré un produit, réprime, quel qu'en soit leur auteur, des agissements spécifiques de placement, dissimulation ou conversion de ce produit, de sorte que cette disposition est applicable à celui qui blanchit le produit d'une infraction qu'il a commise* ». Dès lors, c'est parce que l'infraction de blanchiment est une infraction autonome, distincte dans ses éléments matériel et intentionnel du crime ou du délit ayant généré un produit, que les qualifications d'infraction d'origine et de blanchiment peuvent se cumuler. L'autonomie de l'infraction de blanchiment justifie donc que le cumul de qualifications soit résolu selon les règles propres au concours réel d'infractions, dans le respect du principe *non bis in idem*. Une nouvelle interrogation émerge alors inéluctablement.

Si l'autonomie du blanchiment justifie l'admission du cumul de qualifications, il est possible d'en déduire, *a contrario*, que si un tel cumul est rejeté pour l'infraction de recel de choses c'est que cette dernière ne dispose pas de la même autonomie. Il existerait ainsi un lien de dépendance plus fort entre l'infraction d'origine et le recel que celui existant entre cette première et le blanchiment[33]. Dans le cas contraire, s'il est démontré que ces infractions disposent d'une autonomie similaire, l'existence de solutions différentes devrait trouver son explication ailleurs. Il existerait en effet des obstacles supplémentaires à l'admission du cumul de qualifications en matière de recel, obstacles que le blanchiment ne rencontrerait pas, qui justifieraient l'existence de solutions distinctes. A défaut donc de constater l'existence de tels obstacles, et en l'absence de prise de position du législateur, l'hétérogénéité des solutions retenues

---

[33] Dictionnaire français Larousse, définition de « autonomie » : caractère de quelque chose qui fonctionne ou évolue indépendamment d'autre chose

ne s'expliquerait pas, et la résolution du cumul de qualifications à l'encontre de l'auteur du recel de choses devrait par conséquent être envisagé selon les règles propres au concours réel d'infractions. Or, la Cour de cassation a justement redéfini tout récemment, de façon inédite, les conditions devant être réunies pour qu'il puisse être procédé à un cumul de qualifications à l'encontre d'un même individu dans le respect du principe *non bis in idem*[34]. Et celles-ci, sous réserve que le recel soit une infraction autonome à l'image du blanchiment, apparaissent compatibles avec l'admission de l'« auto-recel ».

Une dernière interrogation semble ainsi découler de ces premières observations. L'autonomie des infractions de conséquence doit-elle conduire à admettre le cumul de qualifications à l'encontre de l'auteur de l'infraction d'origine ?

Nous verrons que les infractions de conséquence sont autonomes (Partie 1) et que dès lors le cumul des qualifications sur la tête de l'auteur de l'infraction d'origine devrait être admis (Partie 2).

---

[34] Cass. Crim., 26 octobre 2016, pourvoi n° 15-84.552 ; Voir aussi : Cass. Crim., 7 décembre 2016, pourvoi n° 15-87.335

# 1ère PARTIE

# L'AUTONOMIE DES INFRACTIONS DE CONSEQUENCE

Les infractions de conséquence peuvent être définies comme des infractions dont la consommation présuppose la commission d'une infraction préalable[35]. Il existe donc un lien entre l'infraction de conséquence et l'infraction d'origine. Les auteurs affirment ainsi classiquement que ces infractions sont tout à la fois proches du délit principal (en ce qu'elles sont bien des infractions de conséquence) et éloignées de celui-ci (en ce qu'elles sont autonomes par rapport à lui)[36]. Les infractions de conséquence verraient ainsi leur régime juridique influencé tant par leur autonomie que par leur dépendance à l'infraction principale. Des auteurs, dans leur étude particulière[37] de l'infraction de recel, distinguent par exemple les éléments illustrant la dépendance de celle-ci de ceux soulignant son autonomie[38]. Ainsi, selon eux, l'infraction de recel serait dépendante de l'infraction d'origine tant du point de vue de sa constitution que de sa répression[39], mais disposerait en même temps d'une autonomie du fait qu'elle soit dotée d'éléments constitutifs propres. Or, cette distinction n'apparaît pas à nos yeux si évidente. En effet, s'il existe bien un lien entre les infractions de conséquence et l'infraction d'origine, celui-ci s'amincit au gré des évolutions jurisprudentielles de sorte qu'elles semblent tendre vers toujours plus d'autonomie. La facilité avec laquelle l'existence de l'infraction d'origine peut être démontrée et l'autonomie avec laquelle s'exercent les poursuites à l'encontre de l'auteur d'un recel ou d'un blanchiment nous amèneraient ainsi à nuancer grandement le lien de dépendance qui lierait les deux infractions. Une telle autonomisation n'apparaît d'ailleurs pas si

---

[35] MAISTRE DU CHAMBON (P.), LEPAGE (A.), SALOMON (R.), *Droit pénal des affaires*, LexisNexis, 4è édition, 2015, §366

[36] PRADEL (J.), DANTI-JUAN (M.), *Droit pénal spécial*, Cujas, 7è édition, 2017, §942

[37] OLLARD (R.), ROUSSEAU (F.), *Droit pénal spécial*, Grand amphi 2è édition, 2015, p.17 : *« Le droit pénal spécial renvoie à l'étude particulière de chaque infraction pénale »*

[38] OLLARD (R.), ROUSSEAU (F.), *Droit pénal spécial, op cit.*, p491 : Dans le I consacré au recel de choses, les auteurs traitent en A de la dépendance du recel de choses et en B de l'autonomie du recel de choses

[39] OLLARD (R.), ROUSSEAU (F.), *Droit pénal spécial*, op cit., p491

surprenante puisque dès leur création, les infractions de conséquence ont été pensées comme autonomes afin lutter le plus efficacement possible contre les comportements qu'elles entendaient réprimer. Dotées d'éléments constitutifs propres, elles pouvaient alors s'affranchir des limites intrinsèques à la complicité et réprimer de manière autonome leurs auteurs.

Nous verrons alors que l'autonomie des infractions de conséquence se manifeste tant dans leur création (Chapitre 1) que dans leur mise en œuvre (Chapitre 2).

# Chapitre 1. L'autonomie dans la création

Le législateur a fait du recel et du blanchiment des infractions autonomes (Section 2). Mais, pour comprendre ce choix, il convient de s'intéresser tout d'abord à la genèse des infractions de conséquence (Section 1).

## Section 1. La genèse des infractions de conséquence

Le système de la complicité étant considéré comme inapte à assurer une répression efficace des comportements postérieurs à l'infraction d'origine, l'autonomisation de la répression, par la création d'infractions autonomes, apparaissait nécessaire. La création de l'infraction de recel (§1), comme celle du blanchiment (§2), répond donc à cette volonté d'autonomisation de la répression.

### § 1. La recherche du recel comme infraction autonome

La répression du recel en tant qu'acte de complicité se voyait limitée d'une part par la prescription de l'action publique de l'infraction principale et d'autre part par l'impossibilité pour les tribunaux français de connaître d'un acte de complicité d'une infraction commise à l'étranger (A). L'autonomisation du recel apparaissait ainsi comme le moyen de s'affranchir de ces limites (B).

## A. Les limites de la complicité

Dans le système traditionnel, remontant à l'antiquité grecque et latine, le recel était appréhendé comme un acte de complicité[40]. Cette conception de recel-complicité, consacrée par le Code pénal de 1791 et maintenue dans celui de 1810, présentait toutefois un inconvénient majeur en matière de prescription. La théorie de la complicité repose sur *l'emprunt de criminalité,* le complice empruntant sa propre criminalité à celle de l'auteur de l'infraction principale. La complicité est donc subordonnée à l'existence d'une infraction principale. Or, si cette dernière n'est plus punissable il en va de même de l'acte de complicité, le complice et l'auteur de l'infraction principale étant, comme le disait le Doyen Carbonnier, cousus dans le même sac[41]. La prescription de l'infraction principale rend par conséquent impossible la poursuite du complice. Appliquée au recel-complicité, la poursuite du receleur était donc neutralisée par la prescription de l'infraction d'origine[42]. La jurisprudence de l'époque avait d'ailleurs affirmé « *qu'il impliquerait contradiction que l'action publique, une fois éteinte à l'égard de l'infraction principale, put renaître et se perpétuer, sans limitation d'aucun terme, contre le receleur, et légitimer, contre le second, l'application d'une peine qui n'a plus de base légale contre le premier* »[43].

Si cette règle apparaissait justifiée concernant la complicité de droit commun, des critiques ont pu émerger concernant le recel. En effet, dans le premier cas, l'acte de complicité est antérieur ou concomitant à l'infraction principale. Indexer la prescription de cet acte sur la prescription de

---

[40] Rapport du sénateur Pouille et celui du député Girard-Madoux, D., 1918, IV, 159

[41] CARBONNIER (J.), Du sens de la répression applicable aux complices selon l'article 59 du Code pénal, *JCP.G*,1952, I, 1034

[42] GARRAUD (R.), *Traité théorique et pratique du droit pénal français*, t.3, Sirey, 3è édition, 1916, §941

[43] Cass. Crim, 26 juin 1873, S.1873, I, 345

l'infraction principale revient alors à allonger le délai ou à établir un délai identique. Dans le second cas, le recel apparaît comme un acte de complicité postérieur à l'infraction principale. Dès lors, la concomitance des prescriptions avait pour effet de raccourcir le délai de prescription du recel et de réduire ainsi la fenêtre temporelle de répression[44]. Cette carence dans la répression a été pointée par le législateur de l'époque qui voyait dans le recel-complicité une conception inexacte et erronée[45].

Un autre inconvénient majeur du recel-complicité résidait dans l'impossibilité de le réprimer lorsque les juridictions françaises étaient incompétentes quant à l'infraction principale. Cette conception, dénoncée tant par la doctrine[46] que par le législateur[47], rendait impossible la poursuite du recel commis en France du produit d'une infraction commise à l'étranger par un étranger. En effet, dans l'hypothèse où un vol était commis à l'étranger par un étranger et que ce voleur remettait en France les objets volés à une personne qui les lui achetait en connaissance de cause, le recel ne pouvait être poursuivi par les tribunaux français[48]. Ces derniers n'ayant pas compétence pour poursuivre le vol, ils n'étaient pas plus compétents concernant l'acte de complicité[49]. De même, il était avancé que le receleur ne pouvait être poursuivi pour une infraction commise à l'étranger par un français tant que ce dernier n'était pas rentré volontairement en France[50].

[44] CAZALBOU (P.), *Études de la catégorie des infractions de conséquence : contribution à une théorie des infractions conditionnées*, *op cit.*, §25

[45] Rapport du sénateur Pouille et celui du député Girard-Madoux, D., 1918, IV, 159

[46] MORIN (A.), Du recel d'objets volés, au double point de vue du système répressif et des exceptions péremptoires, *Journal du droit criminel*, 1873, p97

[47] Rapport du sénateur Pouille et celui du député Girard-Madoux, D., 1918, IV, 159

[48] *Ibid.*

[49] Cass. Crim, 19 avril 1888, D. P.88.1.284

[50] Rapport du sénateur Pouille et celui du député Girard-Madoux, D., 1918, IV, 159

Cette dernière hypothèse, fondée sur l'article 5 alinéa 6 du Code d'instruction criminelle selon lequel « *aucune poursuite n'a lieu avant le retour de l'inculpé en France* », n'apparaît toutefois pas convaincante. En effet, si aucune poursuite à l'encontre de l'auteur de l'infraction d'origine n'était possible avant son retour, les conséquences sur la poursuite du complice ne sont pas évidentes. Les juridictions françaises admettent en effet leur compétence pour poursuivre un acte de complicité à partir du moment où l'infraction principale est poursuivable, peu importante qu'elle ne l'ait pas été[51].

Le recel comme acte de complicité présentait ainsi deux inconvénients principaux. Le législateur entendait donc substituer à cette conception dépassée une conception à la fois plus moderne, logique et pratique, d'une infraction postérieure au délit originaire, « subséquente » à celui-ci, mais constitutive d'un délit distinct[52] (B).

## B. Les apports de l'autonomie

Le législateur, par la loi du 22 mai 1915, a opéré le basculement du texte incriminateur du recel de la partie générale du Code pénal à sa partie spéciale. Si ce basculement pouvait paraître anecdotique puisque s'opérant sans modification textuelle[53], il a en réalité opéré un changement déterminant. Le recel ne se voyait dès lors incriminé non plus comme une forme de complicité mais comme une infraction autonome.

Cette autonomisation du recel de chose apparaissait comme le moyen de pallier aux inconvénients énoncés précédemment. D'un point de vue répressif, le recel, délit

---

[51] CAZALBOU (P.), *Etudes de la catégorie des infractions de conséquence : contribution à une théorie des infractions conditionnées*, *op cit.*, §61

[52] Rapport du sénateur Pouille et celui du député Girard-Madoux, D., 1918, IV, 159

[53] Les receleurs sont définis dans les mêmes termes par l'article 2 de la loi de 1915 et dans l'article 62 du Code pénal de 1810 : « *ceux qui, sciemment, auront recelé, en tout ou en partie, des choses enlevées, détournées ou obtenues à l'aide d'un crime ou d'un délit* »

distinct, devenait punissable malgré la prescription de l'infraction principale. Logiquement, le recel, n'étant plus un acte de complicité, se voyait effectivement doté d'une prescription propre (trois années à l'époque). Par ailleurs, les tribunaux français se voyaient désormais compétents pour juger d'un recel en France du produit d'une infraction commise à l'étranger par un étranger.

D'un point de vue théorique, l'autonomisation du recel permettait également de ne plus malmener la notion de participation criminelle classique. Il est vrai que de nombreux auteurs se montraient critiques à l'encontre de la conception du recel comme acte de complicité. Le recel intervenant postérieurement à l'infraction principale, il apparaissait en effet discutable de considérer que le receleur participait à l'infraction. Il a ainsi pu être affirmé que le « *recel n'est pas un acte de complicité, car la complicité suppose nécessairement une participation quelconque au crime ; or on ne peut participer à un crime qui est consommé* »[54]. Cette postériorité du recel pouvait sembler de plus incompatible avec la nécessité d'une influence causale de l'acte de complicité sur la survenance de l'infraction. Un auteur a pu écrire dans ce sens que « *la vieille théorie de la complicité dite a posteriori est d'une absurde logique, et cela par la simple et persuasive raison que l'homme ne peut être appelé à rendre compte d'un méfait, sinon lorsqu'il en a été la cause ; par où il répugne de reconnaître la complicité dans celui qui agit seulement depuis la consommation du méfait, parce que ce serait là le sophisme consistant à admettre une cause postérieure à l'effet* »[55]. La création du recel comme infraction autonome mettait ainsi fin à cette incompatibilité théorique.

La recherche du recel comme infraction autonome s'explique ainsi par la volonté de ne plus voir limiter la

---

[54] CAUVEAU (A.), HELIE (F.), *Théorie du Code pénal*, LGDJ, 4è édition, 1861, §192 et 198

[55] CARRARA, Le recel frauduleux des choses volées, traduction LACOINA, *Revue critique de législation et de jurisprudence*, 1865, p412

répression des comportements postérieurs à l'infraction principale et tout autant problématiques, par la prescription de l'infraction principale ou en raison de l'incompétence des tribunaux français. Bien que la justification soit différente, l'incrimination du blanchiment a également été, dès l'origine, voulue comme autonome (§2).

## § 2. La recherche du blanchiment comme infraction autonome

Si l'autonomie conférée à l'infraction de blanchiment se justifie en partie par la volonté du législateur de se conformer aux engagements internationaux souscrits par la France (A), une autre justification mérite d'être soulignée. En effet, à l'image du recel, l'autonomie de l'infraction de blanchiment apparaissait nécessaire afin d'appréhender le plus largement possible les comportements qu'elle vise à réprimer (B).

### A. Une autonomie conforme aux engagements internationaux

La première incrimination du blanchiment date du 31 décembre 1987. Cette loi a introduit l'incrimination du blanchiment de l'argent issu du trafic de stupéfiants au sein du Code de la santé publique[56]. Par la suite, au regard des flux financiers transfrontaliers et des pouvoirs d'investigations très poussés des douanes en matière de trafic international de stupéfiants[57], une loi du 23 décembre 1988 a introduit un nouveau délit spécial de blanchiment dans le Code des douanes. L'incrimination de blanchiment en tant qu'infraction générale, car s'appliquant au produit de tout crime ou de tout délit, est intervenue par une loi du 13 mai 1996[58]. Cette

---

[56] Article L627 al 3 du Code de la santé publique

[57] LUCAS DE LEYSSAC (M.), MIHMAN (A.), *Droit pénal des affaires : Manuel théorique et pratique*, Economica, 2009, §229

[58] Loi n° 96-392 du 13 mai 1996 relative à la lutte contre le blanchiment et le trafic des stupéfiants et à la coopération internationale en matière de saisie et de

loi a introduit dans le Code pénal un article 324-1 au sein d'un nouveau chapitre intitulé « *Du blanchiment* ». A l'inverse du recel, le blanchiment a été pensé dès l'origine comme une infraction autonome. Après s'être affranchi des limites tenant au recel-complicité depuis huit décennies, il aurait d'ailleurs été incompréhensible que le législateur en décide autrement. D'autant plus que cette autonomie était requise par les Conventions internationales ratifiées par la France.

La Convention des Nations unies contre le trafic illicite de stupéfiants et de substances psychotropes du 20 décembre 1988, dite communément « Convention de Vienne », pose obligation aux États signataires d'incriminer la participation à l'infraction de blanchiment en lien avec le trafic de stupéfiants par association, entente, tentative, complicité par fourniture d'une assistance, d'une aide ou de conseils en vue de sa commission. La France avait en réalité anticipé la signature de cette Convention en adoptant la loi du 31 décembre 1987. Une obligation de nature identique mais à la portée élargie, puisque ne limitant plus l'incrimination de blanchiment au seul trafic de stupéfiants, résultait de la convention élaborée dans le cadre du Conseil de l'Europe, en date du 8 novembre 1990, dite « Convention de Strasbourg ». Cette Convention relative au blanchiment, au dépistage, à la saisie et à la confiscation des produits du crime a été ratifiée par la France le 8 octobre 1996. De nouveau, l'adoption de la loi du 13 mai 1996 découlait des engagements internationaux pris par la France.

A partir des années 1980, les Etats prennent en effet conscience que la lutte contre cette criminalité est un problème international exigeant l'emploi de méthodes modernes et efficaces au niveau international, et que l'une de ces méthodes consiste à priver les délinquants des produits du

---

confiscation des produits du crime

crime[59]. Il est alors évident que la lutte doit se réaliser dans un cadre international afin d'éviter que l'efficacité de la lutte contre le blanchiment ne pâtisse de la disparité et des insuffisances des législations nationales[60]. Dès lors, la création d'une infraction spécifique élaborée sur le fondement de critères internationaux et d'éléments terminologiques communs afin de garantir l'efficacité de la coopération internationale apparait indispensable. L'autonomie de l'infraction de blanchiment apparait donc dès l'origine comme une condition de son efficacité.

Cette autonomie apparaissait d'autant plus nécessaire que, comme le souligne un auteur, l'étroitesse des modes classiques de participation criminelle plaidait en faveur de l'adoption de règles de participation criminelle autonomes qu'il convenait d'intégrer à la définition même de l'infraction de blanchiment[61] (B).

## B. Une autonomie nécessaire

Ainsi qu'il l'a été rappelé précédemment, la Convention de Vienne[62] et la Convention de Strasbourg[63] font obligation aux Etats signataires d'incriminer la participation aux infractions de blanchiment mais également *« toute association, entente, tentative ou complicité par fourniture d'une assistance, d'une aide ou de conseils en vue de sa commission »*. Or, comme un auteur a pu l'affirmer, « *il ne fait guère de doute que, par la définition conférée aux modes de participation punissables, le droit pénal français n'était pas à même de satisfaire à ces exigences* »[64]. En effet, les conseils

---

[59] DEFFERRARD (F.), Les métamorphoses de la législation française « anti-blanchiment », *Gaz. Pal.* 23-24 octobre 2009, p. 2953

[60] SEGONDS (M.), *« Blanchiment »*, Répertoire de droit pénal et de procédure pénale, octobre 2017, §8

[61] SEGONDS (M.), *« Blanchiment », op cit.*, §9

[62] Convention de Vienne sur le trafic illicite des stupéfiants et des substances psychotropes, 1988, article 3, §1, c, iv)

[63] Convention de Strasbourg relative au blanchiment, au dépistage, à la saisie et à la confiscation des produits du crime, 1990, article 6, §1.d)

[64] SEGONDS (M)., *« Blanchiment », op cit.*, §10

prodigués postérieurement à la commission de l'infraction dans le but de conférer au produit de celle-ci une apparence de légalité ne pouvaient être considérés comme des actes de complicité et restaient dès lors impunis. Deux raisons principales justifiaient cette impunité.

Tout d'abord, les conseils prodigués postérieurement à la commission de l'infraction principale échappent à la chronologie exigée par la théorie de la complicité qui implique la réalisation d'un acte antérieur à la commission de l'infraction principale ou la réalisation d'un acte en vertu d'un accord antérieur ou concomitant à la commission de l'infraction principale[65]. Cet argument n'est d'ailleurs pas sans rappeler celui développé en faveur de l'autonomisation du recel.

Par ailleurs, de simples conseils, même prodigués antérieurement à l'infraction ne pouvaient constituer un acte de complicité puisqu'ils ne constituent ni une aide ou une assistance ayant facilité la préparation ou la consommation de l'infraction, ni une provocation ou une instruction. En effet, les conseils ne concerneraient alors non pas l'infraction en elle-même mais l'utilisation des produits qui en découlent. Ils ne pourraient dès lors être appréhendés comme un acte de complicité au sens de l'article 121-7 du Code pénal. À cette double impunité a donc répondu la création du délit de blanchiment.

La création d'une infraction de blanchiment autonome s'est aussi justifiée par l'impossibilité de l'incrimination de recel à répondre aux exigences internationales. L'infraction de recel présente en effet, à l'égard du blanchiment, une faiblesse matérielle[66].

---

[65] *Ibid.*

[66] Baussonie (G.), L'utilité d'une incrimination générale du blanchiment, *in* Duteil (G). et Segonds (M.), La corruption. Aspects actuels et de droit comparé, 2014, *AIDP/IAPL*, Erès, n° 25, p. 43

L'article 321-1, alinéa 1er, du Code pénal réprime le fait de dissimuler, de détenir ou de transmettre une chose provenant d'un crime ou d'un délit. Si ces actes sont susceptibles de caractériser certains faits de blanchiments tels qu'ils sont définis par la Convention de Viennes[67] et de Strasbourg[68], ils se révèlent insusceptibles d'atteindre la conversion du produit d'une infraction qui n'implique pas nécessairement une dissimulation, une détention ou une transmission au sens du Code pénal[69]. Cette faiblesse matérielle de l'infraction de recel imposait donc de recourir à une nouvelle qualification de blanchiment capable d'appréhender une diversité plus grande de comportements. De plus, si l'infraction de recel réprime la dissimulation d'une chose provenant d'un crime ou d'un délit, elle ne permet pas d'atteindre la dissimulation qui ne porte que sur l'origine des biens ou revenus de l'auteur d'un crime ou d'un délit profitable. Or, l'infraction de blanchiment telle que définie par l'article 324-1 alinéa 1er permet justement d'atteindre cette hypothèse[70].

La genèse des infractions de conséquence se trouve marquée par la volonté du législateur d'incriminer de façon autonome les comportements intervenant postérieurement à l'infraction d'origine afin d'appréhender plus largement les comportements problématiques et d'affranchir la répression des limites inhérentes au régime juridique de la complicité. Ainsi s'explique donc la création du recel et du blanchiment en tant qu'infractions distinctes, tant de l'acte de complicité que de l'infraction d'origine (Section 2).

---

[67] Convention de Vienne sur le trafic illicite des stupéfiants et des substances psychotropes, 1988, article 3, §1, b.

[68] Convention de Strasbourg relative au blanchiment, au dépistage, à la saisie et à la confiscation des produits du crime, 1990, article 6,§1.d) article 6, § 1.a et b

[69] SEGONDS (M.), « *Blanchiment* », *op cit.*, §12

[70] *Ibid.*

## Section 2. La création d'infractions distinctes

L'autonomie des infractions de conséquence se manifeste tant par le fait que le recel comme le blanchiment soient titulaires d'éléments constitutifs propres (§1) que par le fait qu'elles disposent d'une répression propre (§2).

### §1. Des infractions titulaires d'éléments constitutifs propres

Les infractions de recel et le blanchiment supposent, pour être caractérisées, qu'une infraction préalable ait été commise. Le statut de cette dernière étant incertain puisqu'elle est considérée tantôt comme une simple condition préalable à la commission de l'infraction de conséquence et tantôt comme un de ses éléments constitutifs[71], nous prenons le parti de ne pas nous attarder sur son étude pour le moment. Étant chacune incriminée de façon autonome, les infractions de conséquence disposent d'un élément matériel (A) et d'un élément moral (B) qui leur sont propres.

#### A. Un élément matériel propre

Les infractions de conséquence ont pour finalité de réprimer des comportements postérieurs à la commission d'une infraction d'origine. Dès lors, le recel (1) et le blanchiment (2) disposent d'un élément matériel qui leur est propre.

##### 1. L'élément matériel du recel

L'élément matériel du recel peut se commettre soit par dissimulation, détention ou transmission de la chose ayant une origine frauduleuse[72], soit en bénéficiant du produit de l'infraction d'origine[73]. Classiquement, les auteurs distinguent le recel-détention, qui regrouperaient les actes visés par le

[71] Cass. Crim, 26 septembre 2007, n°07-83.829

[72] Article 321-1 al. 1er du Code pénal

[73] Article 321-1 al. 2 du Code pénal

premier alinéa[74], du recel-profit visé par le second. Si cette distinction se comprend d'un point de vue pédagogique, il convient de souligner que la détention n'est qu'un des quatre actes visés par l'article 321-1 alinéa 1er du Code pénal et que le recel ne se limite donc pas à cette hypothèse.

La dissimulation consiste à cacher la chose ayant une origine frauduleuse. Elle ne suppose pas que l'auteur ait eu la mainmise sur la chose. Elle peut par exemple être le fait de celui qui prête son hangar pour que soient entreposées les marchandises volées [75].

La détention est l'hypothèse qui se rencontre le plus fréquemment en jurisprudence. Il s'agit d'une situation de fait qui peut avoir une durée plus ou moins longue[76]. Ainsi, le simple fait de recevoir le bien emporte une détention, quand bien même elle ne se prolonge pas[77]. Celle-ci implique donc un pouvoir matériel sur un bien, peu importe que l'auteur n'en ait pas retiré un profit personnel[78]. Les choses immatérielles, telles que les informations, sont classiquement exclues car insusceptibles d'appréhension physique[79]. Par ailleurs, la détention peut s'entendre de différentes formes. Elle est tout d'abord indépendante de la nature juridique du titre ayant permis la prise de possession (achat, don, gage...) et elle peut se concevoir par l'intermédiaire d'autrui[80].

---

[74] En ce sens : PRADEL (J.), DANTI-JUAN (M.), *Droit pénal spécial*, Cujas, 7è édition, 2017, p599

[75] LEPAGE (A.), MATSOPOULOU (H)., *Droit pénal spécial*, *op cit.*, §884

[76] LUCAS DE LEYSSAC (M.), MIHMAN (A.), *Droit pénal des affaires : Manuel théorique et pratique*, *op cit.*, §885

[77] Cass. Crim, 1er octobre 1986, Bull crim n° 262

[78] Cass. Crim, 27 octobre 1997, Bull crim n°352

[79] Certains auteurs considèrent cependant que le recel pourrait porter sur une chose immatérielle ; Voir en ce sens : OLLARD (R.), ROUSSEAU (F.), *Droit pénal spécial*, Grand amphi 2è édition, 2015, p493

[80] Cass. Crim, 1er octobre 1986, Bull crim n°262 : *celui qui de l'étranger commande des marchandises en France, tout en sachant qu'elles proviennent d'un abus de confiance, peut être considéré comme un receleur, dès lors qu'il prend possession de ces marchandises par l'intermédiaire d'un tiers*

Pour finir concernant le 1er alinéa de l'article 321-1 du Code pénal, le fait de transmettre un bien ou de faire office d'intermédiaire pour le transmettre est également sanctionné. Transmettre, c'est faire passer un bien d'une personne à une autre. Quant à « *faire office d'office d'intermédiaire* », il peut s'agir de l'hypothèse où une personne organise le transfert de la chose entre l'auteur de l'infraction et un tiers acquéreur. La jurisprudence adopte en effet une interprétation large en la matière, en considérant comme receleur la personne qui accepte de transmettre la chose volée à une autre sans la détenir effectivement, ou celle qui négocie simplement par téléphone la vente de titres volés[81].

L'article 321-1 alinéa 2 du Code pénal complète la définition du recel en indiquant qu'il peut être constitué par le fait de bénéficier, par tout moyen, du produit d'un crime ou d'un délit. Le recel est ici défini d'une manière très large et la jurisprudence admet qu'un bénéfice a été réalisé dans des situations diverses. Deux exemples ont été particulièrement marquants. Ainsi, constitue un recel le fait de se faire transporter dans une voiture en sachant qu'elle est volée[82] ou bien de consommer de l'alcool en ayant cette même connaissance[83]. Par ailleurs, la jurisprudence a également admis que se rendait coupable de recel celui qui utilisait une information provenant d'un délit d'initié[84] ou obtenue en violation du secret professionnel[85], l'époux qui profitait du train de vie de sa femme[86], ou encore qu'il était possible de bénéficier d'avantages immatériels comme des services.

La jurisprudence fait application de la subrogation réelle concernant le recel : le bien provenant de l'infraction d'ori-

---

[81] LEPAGE (A.), MATSOPOULOU (H.), *Droit pénal spécial*, *op cit.*, §885

[82] Cass. Crim., 9 juillet 1970, Bull crim n°236

[83] Cass. Crim., 24 octobre 1979, D. 1982, p430, note DURRANDE (S).

[84] Cass. Crim., 26 octobre 1995, Bull crim n°324

[85] Cass. Crim.,26 octobre 1995, Bull crim n°328

[86] Cass. Crim., 9 mai 1974, Bull crim n°170

gine peut bien être échangé, vendu, remplacé, le recel, lui demeure tant que l'agent persiste à profiter du bien nouveau ayant remplacé la chose issue du crime ou du délit[87]. Le mécanisme de la subrogation réelle pouvant opérer à plusieurs reprises, le recel peut perdurer jusqu'à ce que le bien subrogé soit abandonné par le receleur.

## 2. L'élément matériel du blanchiment

L'article 324-1 du Code pénal distingue deux modalités de commission du délit de blanchiment. La première, définie par le premier alinéa, consiste en la facilitation de la justification mensongère de l'origine des biens ou revenus de l'auteur d'un crime ou d'un délit ayant procuré à celui-ci un profit direct ou indirect. La seconde, définie par le second alinéa de l'article précité, consiste quant à elle en un concours apporté à une opération de placement, de dissimulation ou de conversion du produit direct ou indirect d'un crime ou d'un délit.

L'alinéa premier incrimine une forme d'aide particulière, consistant à faciliter, par tout moyen, la justification mensongère de l'origine des biens ou des revenus. La facilitation étant possible par tous les moyens, les modes de commission de l'infraction peuvent être très variés. Trois catégories d'actes semblent tout de même pouvoir être distinguées[88].

Tout d'abord, la facilitation peut être réalisée par la fourniture d'un titre mensonger de justification des biens ou revenus. Par exemple, un tiers qui fournit à l'auteur de l'infraction d'origine, qui s'est enrichi grâce à sa commission, des bulletins de salaire fictifs réalise cette facilitation. Il en est de même pour le tiers qui cède un billet de loterie gagnant ou des parts d'une entreprise génératrice d'argent liquide (on pense évidemment à l'exemple classique de l'en-

---

[87] OLLARD (R.), ROUSSEAU (F.), *Droit pénal spécial*, *op cit.*, p494

[88] LUCAS DE LEYSSAC (M.), MIHMAN (A.), *Droit pénal des affaires : Manuel théorique et pratique*, *op cit.*, §240

treprise de laverie automatique) alors même que l'auteur de l'infraction d'origine ne percevrait en réalité aucun gain ou dividende[89].

La facilitation peut également être constituée par la participation à une manœuvre ayant permis d'obtenir la remise d'un titre pouvant justifier les ressources. Pour illustrer ce mode de commission de l'infraction, un auteur prend ici l'exemple du blanchiment au faux procès : l'auteur de l'infraction primaire conclut un contrat avec une société dirigée par un tiers complaisant. La société ne respecte volontairement pas ses engagements, et l'auteur de l'infraction saisit le tribunal ou recourt à un arbitrage, pour voir condamner l'inexécution du contrat. La société se laisse condamner à verser une indemnité et le blanchiment est alors réalisé grâce à une décision de justice[90].

Pour finir, l'entremise dans l'obtention d'une justification mensongère constituerait aussi un acte de blanchiment. Par exemple, le fait de servir d'intermédiaire dans l'obtention de la fourniture du justificatif mensonger, en mettant par exemple en relation l'auteur de l'infraction et un fabricant de fausses factures, constitue un acte de facilitation.

Par ailleurs, le terme « faciliter » semble impliquer une action positive de l'auteur, ce qui écarterait la possibilité de commettre un tel blanchiment par abstention[91]. Il convient également de préciser que la justification mensongère doit avoir pour objet l'origine des biens ou des revenus de l'auteur du crime ou du délit lui ayant procuré un profit. Il n'est donc pas nécessaire que les biens ou revenus objets de la justification mensongère proviennent de l'infraction commise. Il suffit en effet à l'accusation de démontrer d'une part

---

[89] LUCAS DE LEYSSAC (M.), MIHMAN (A.), *Droit pénal des affaires : Manuel théorique et pratique*, *op cit.*, §240

[90] *Ibid.*

[91] OLLARD (R.), ROUSSEAU (F.), *Droit pénal spécial*, *op cit.*, p497

que la justification est mensongère et d'autre part que son bénéficiaire a commis un crime ou un délit lui ayant procuré un profit[92].

L'alinéa 2 de l'article 324-1 du Code pénal dispose que « *constitue également un blanchiment le fait d'apporter un concours à une opération de placement, de dissimulation ou de conversion du produit direct ou indirect d'un crime ou d'un délit* ». L'opération de placement n'étant pas définie, elle semble pouvoir correspondre entre autres à un placement sur un compte bancaire, mais aussi à un placement mobilier ou immobilier, du produit de l'infraction d'origine[93]. Par ailleurs, l'expression « apporter un concours » est particulièrement large et permet d'englober une grande variété d'actes caractéristiques du blanchiment. Tel est le cas par exemple de la régularisation par un notaire d'un acte de vente dont le prix a été payé avec des fonds et selon un processus douteux[94]. De même, le concours apporté à une opération de dissimulation peut également être constitué par l'acceptation par un individu d'être le prête-nom d'une société dont les fonds ont une origine douteuse. Pour finir, sont également englobés tous les concours prêtés à des opérations permettant la conversion temporaire ou définitive du produit de l'infraction dans un autre produit, comme l'achat de billets de loterie gagnants ou d'autres opérations financières plus complexes.

Il convient de noter qu'à l'inverse de la première forme de blanchiment, l'opération doit ici porter sur des biens ou des sommes provenant de l'infraction d'origine et non sur des biens ou revenus de l'auteur.

A l'image du recel, le produit blanchi peut être identique au produit de l'infraction d'origine mais cette identité n'est

---

[92] LUCAS DE LEYSSAC (M.), MIHMAN (A.), *Droit pénal des affaires : Manuel théorique et pratique, op cit.*, §240

[93] LUCAS DE LEYSSAC (M.), MIHMAN (A.), *Droit pénal des affaires : Manuel théorique et pratique, op cit.*, §242

[94] Cass. Crim., 7 décembre 1995, Bull crim n°375

pas nécessaire pour que l'incrimination de blanchiment soit applicable. De nouveau, le mécanisme de la subrogation réelle, consacrée par le législateur dans les deux alinéas au travers les termes « direct » ou « indirect », peut s'appliquer.

Outre l'élément matériel, le recel et le blanchiment apparaissent également titulaires d'un élément moral qui leur est propre (B).

## B. Un élément moral propre

Les infractions de conséquence sont des infractions intentionnelles[95] qui supposent pour être caractérisées, que soit démontrée l'intention de l'auteur de réaliser les comportements incriminés ainsi que sa connaissance de l'origine infractionnelle de la chose (pour le recel), ou des biens, revenus ou produits objets des opérations de blanchiment. Ces conditions sont en effet exigées tant pour le recel (1) que pour le blanchiment (2).

### 1. L'élément moral du recel

L'auteur du recel, pour être punissable, doit avoir voulu détenir, dissimuler, transmettre une chose ou voulu profiter du produit d'un crime ou d'un délit en sachant que cette chose ou ce produit provient d'un crime ou d'un délit. Cette seconde condition est d'ailleurs affirmée tant par l'alinéa premier de l'article 321-1 du Code pénal qui dispose que l'auteur doit avoir dissimulé, détenu ou transmis une chose « *en sachant que cette chose provient d'un crime ou d'un délit* », que par l'alinéa second qui précise que l'auteur doit avoir bénéficié du produit d'un crime ou d'un délit « *en connaissance de cause* ». La connaissance précise de la nature exacte de l'infraction d'origine n'est en revanche pas requise.

Concernant le moment de l'appréciation de la mauvaise foi de l'agent, il est exigé que la mauvaise foi du receleur soit

---

[95] Article 121-3 al. 1er du Code pénal : « *Il n'y a point de crime ou de délit sans intention de le commettre.* »

établie dès le début de l'acte de recel[96]. Dès lors, n'est pas coupable de recel l'acquéreur de bonne foi d'un bien qui, après avoir eu connaissance de sa provenance frauduleuse, décide de le conserver.

La démonstration de l'intention de l'auteur de réaliser les actes incriminés ainsi que celle de sa connaissance de l'origine infractionnelle des biens, revenus ou produits objets des opérations est également nécessaire pour caractériser l'infraction de blanchiment (2).

### 2. L'élément moral du blanchiment

L'élément moral est commun aux deux formes de blanchiment. La démonstration de la volonté de l'agent de réaliser un acte facilitant la justification mensongère de l'origine des biens ou des revenus ou d'apporter son concours à une des opérations visées, et sa conscience de l'origine infractionnelle des biens, revenus ou produits objets des opérations de blanchiment, doit être faite[97]. Cependant, comme en matière de recel, la connaissance précise de la nature exacte de l'infraction n'est pas requise.

Les infractions de conséquence sont ainsi titulaires d'éléments constitutifs qui leur sont propres. Ils disposent également d'une répression propre (§2).

## §2. Des infractions disposant d'une répression propre

L'autonomisation des infractions de conséquence résultant principalement de la volonté de ne plus faire dépendre la répression de l'auteur du comportement postérieur de celle de l'auteur de l'infraction principale, le législateur réprime logiquement le recel et le blanchiment par des peines, adaptées à leurs spécificités criminologiques, qui leur sont

---

[96] Cass. Crim., 24 novembre 1977, Bull crim n°371

[97] OLLARD (R.), ROUSSEAU (F.), *Droit pénal spécial, op cit.*, p.500

propres (A). Cependant, l'autonomie de leur répression peut être légèrement nuancée par la possibilité de voir les peines prononcées influencées par l'infraction d'origine (B).

## A. L'existence d'une pénalité propre adaptée aux spécificités criminologiques

Le recel étant une infraction autonome, il dispose de peines qui lui sont spécifiques. Le recel simple est puni de 5 ans d'emprisonnement et de 375 000 euros d'amende [98]. Lorsque le recel était un cas de complicité, le receleur encourait les mêmes peines que l'auteur principal avec pour inconvénient que les amendes prononcées pouvaient être sans rapport avec le profit réalisé[99]. L'une des motivations, quoique subsidiaire, de l'autonomisation du recel était la recherche d'une peine adaptée à sa spécificité criminologique. Le receleur était en effet considéré comme plus cupide, plus rusé que le voleur[100]. L'adoption d'un système répressif propre au recel devait ainsi permettre que les peines soient proportionnées à la gravité des circonstances de l'infraction et que des peines plus sévères, notamment pour le receleur habituel, puissent être prononcées[101].

Avec la loi du 22 mai 2015, le législateur ne fait pas encore le choix d'une peine strictement autonome puisqu'il décide de réprimer le receleur à hauteur de la peine prévue pour le vol simple. Ce n'est qu'à partir de 1987[102] qu'une peine strictement propre est prévue pour le recel. Le législateur prévoit également une aggravation de la peine d'emprisonnement lorsque le recel aura été commis de ma-

---

[98] Article 321-1 du Code pénal

[99] CONTE (P.), *Droit pénal spécial*, LexisNexis, 5è édition, 2016, §629

[100] Rapport du sénateur Pouille et celui du député Girard-Madoux, D., 1918, IV, 159

[101] MORIN (A.), Du recel d'objets volés, au double point de vue du système répressif et des exceptions péremptoires, *Journal du droit criminel*, 1873, p97

[102] Loi n°87-962 du 30 novembre 1987 relative à la prévention et à la répression du recel et organisant la vente ou l'échange d'objets mobiliers

nière habituelle ou en utilisant les facilités que procure l'exercice d'une activité professionnelle. Ces circonstances aggravantes, auxquelles s'ajoute le recel commis en bande organisée, sont de nos jours définies par l'article 321-2 du Code pénal. Le recel aggravé est puni de dix ans d'emprisonnement et de 750 000 euros d'amende. Par ailleurs, l'article 321-3 du Code pénal prévoit la possibilité pour le juge d'élever l'amende au-delà de 375 000 euros « *jusqu'à la moitié de la valeur des biens recelés* ». Le receleur encourt également les peines complémentaires de l'article 321-9 du Code pénal.

Comme en matière de recel, le législateur prévoit une peine de cinq ans d'emprisonnement et de 375 000 euros d'amende pour le blanchiment simple[103], ces peines pouvant être portées à dix ans et 750 000 euros dans les mêmes conditions que le recel[104]. De nouveau, l'amende prononcée peut être élevée au-delà de 375 000 euros « *jusqu'à la moitié de la valeur des biens ou des fonds sur lesquels ont porté les opérations de blanchiments* »[105]. L'infraction de blanchiment ayant été créée pour couvrir les multiples aspects du recyclage de l'argent sale afin de priver les délinquants des fruits de leur activité criminelle et supprimer ainsi leur principal mobile, il apparaissait nécessaire qu'elle dispose d'une répression propre, pouvant s'adapter aux circonstances de commission de l'infraction. Les peines complémentaires des articles 324-7 et 324-8 du Code pénal peuvent en outre être prononcées.

Il convient également de noter qu'à l'inverse du recel, la tentative de blanchiment est incriminée.

Si les infractions de conséquence disposent de peines qui leur sont propres, l'autonomie de leur répression peut cependant être légèrement nuancée par l'influence que peut exercer l'infraction d'origine sur le choix de la peine (B).

---

[103] Article 324-1 du Code pénal
[104] Article 324-2 du Code pénal
[105] Article 324-3 du Code pénal

## B. L'influence de l'infraction d'origine nuançant l'autonomie

Au-delà des peines spécifiques évoquées, une certaine dépendance des infractions de conséquence à l'égard de l'infraction d'origine peut être constatée s'agissant de la sanction du receleur ou du blanchisseur.

Tout d'abord, lorsque l'infraction dont proviennent le bien recelé ou les fonds sur lesquels ont porté le blanchiment est punie d'une peine privative de liberté d'une durée supérieure à celle de l'emprisonnement encouru, l'auteur de l'infraction de conséquence est puni des peines attachées à l'infraction dont il a eu connaissance et, si cette infraction est accompagnée de circonstances aggravantes, des peines attachées aux seules circonstances dont il a eu connaissance[106].

Par ailleurs, le recel et le blanchiment sont assimilés, pour l'application des règles de la récidive, à l'infraction dont proviennent le bien recelé ou les produits objets des opérations de blanchiment[107].

L'autonomisation des infractions de conséquence s'est justifiée à l'origine principalement par la volonté d'exclure la répression des comportements postérieurs à l'infraction du système de la complicité. Le législateur a donc fait du blanchiment et du recel des infractions autonomes, titulaires d'éléments constitutifs propres qui ne se confondent pas avec ceux de l'infraction d'origine, et qui permettent ainsi de réprimer plus efficacement leurs auteurs. Certains contestent cependant l'autonomie de ces infractions au regard de l'importance du lien de dépendance qui les unirait à l'infraction d'origine et l'influence qu'un tel lien aurait sur la mise en œuvre des poursuites. Pourtant, si ce lien existe puisque les

---

[106] Pour le recel : article 321-4 du Code pénal ; pour le blanchiment : article 324-4 du Code pénal

[107] Pour le recel : article 321-5 du Code pénal ; pour le blanchiment : article 324-5 du Code pénal

infractions de conséquence supposent pour être caractérisées qu'une infraction préalable ait été commise, il semble toutefois s'amincir progressivement au gré des évolutions jurisprudentielles qui tendent à faciliter la poursuite des infractions de conséquence. Par ailleurs, l'importance du lien de dépendance peut également être tempérée au regard de l'autonomie procédurale de ces infractions

Nous verrons ainsi que l'autonomie se manifeste dans la mise en œuvre des infractions de conséquence (Chapitre 2).

# Chapitre 2. L'autonomie dans la mise en œuvre

Bien que la caractérisation des infractions de conséquence soit subordonnée à l'existence d'une infraction principale, le lien de dépendance les unissant semble en réalité minime. Loin de renforcer ce lien, les évolutions législatives et jurisprudentielles témoignent surtout à l'inverse d'une autonomisation croissante de ces infractions. En effet, d'une part les poursuites diligentées à l'encontre de l'auteur d'une infraction de conséquence apparaissent totalement indépendantes des considérations procédurales qui s'opposeraient à la poursuite de l'auteur de l'infraction principale, et d'autre part, une démonstration « allégée » de l'existence de l'infraction d'origine suffit à les engager.

L'importance du lien de dépendance peut ainsi être tempérée tant par l'autonomie procédurale des infractions de conséquence (Section 2) que par la facilitation avec laquelle l'existence de l'infraction d'origine peut être démontrée (Section 1).

## Section 1. L'autonomie des infractions de conséquences dans la démonstration de l'infraction d'origine

Le frein principal à l'autonomie des infractions de conséquence résiderait dans la nécessaire existence d'une infraction préalable et dans sa connaissance par l'auteur de l'infraction de conséquence. Or, illustrant l'autonomie croissante de ces infractions, ces exigences apparaissent en réalité minimes.

Nous nous intéresserons alors d'une part à l'exigence minime de caractérisation de l'infraction d'origine (§1) et d'autre part à l'exigence minime de caractérisation de la connaissance de cette infraction par l'auteur de l'infraction de conséquence (§2).

## §1. L'exigence minime de caractérisation de l'infraction d'origine

Si la nécessaire caractérisation de l'infraction d'origine apparaît nuancer l'autonomie des infractions de conséquence (A), cette condition apparaît en réalité très souple de sorte que leur autonomie n'apparaît pas remise en cause (B).

### A. Une dépendance apparente de l'infraction de conséquence à l'infraction d'origine

En tant qu'infractions de conséquence, le recel et le blanchiment succèdent nécessairement à un crime ou un délit commis par autrui[108]. Les textes d'incrimination visant les « crimes ou délits » sans distinction supplémentaire, la jurisprudence a admis la répression au titre de recel et de blanchiment dans les cas les plus divers[109]. Concernant le recel, la chambre criminelle a en effet considéré à l'aune de l'ancien texte d'incrimination « *qu'en raison de ses termes généraux, l'article 460 ne comporte pas de distinction entre les divers crimes ou délits à l'aide desquels la chose recelée a été enlevée, détournée ou obtenue* »[110]. Cette interprétation s'est perpétuée au visa de l'article 321-1 du Code pénal. Ainsi, l'infraction d'origine peut être un vol[111], une escroquerie[112], un abus de confiance[113]... Le recel est donc une infraction générale. De façon analogue, les juges de la Cour de cassation rappellent régulièrement que le blanchiment est une infraction générale[114] qui s'applique par conséquent à tout crime ou délit

---

[108] DREYER (E.), *Droit pénal spécial*, Ellipses, 3è édition, 2016, §1234
[109] PRADEL (J.), DANTI-JUAN (M.), *Droit pénal spécial*, Cujas, 6è édition, 2014, §945
[110] Cass. Crim., 10 juillet 1969, D. 1969, 546
[111] Cass. Crim., 9 novembre 1965, Bull crim n°227
[112] Cass. Crim., 3 août 1935, DP 1937, I, 94, note LELOIR
[113] Cass. Crim., 15 juin 1937, Bull crim n°270
[114] V. en ce sens : Crim 16 janvier 2013, Bull crim n°17

étant à l'origine de « biens ou revenus »[115] ou d'un produit quelconque[116]. L'infraction d'origine peut dès lors être un trafic de stupéfiants[117] ou une fraude fiscale. Il apparaît donc que la nature de l'infraction d'origine importe peu pour la Cour de cassation. En revanche, les juges sont tenus de caractériser, dans leur décision de condamnation, la nature exacte de l'infraction d'origine[118].

Il est affirmé depuis longtemps en doctrine la nécessité d'établir l'infraction préalable afin d'établir l'infraction de conséquence qui s'y rattache[119]. Dès 1915, René Garraud énonçait que « *toute condamnation pour crime ou délit spécial de recel de choses doit contenir la constatation, expresse et suffisante à permettre le contrôle de la Cour de cassation, de l'infraction, qualifiée crime ou délit, d'où proviennent les objets recelés* »[120]. La jurisprudence se conforme à cette conception et les juges répressifs sont tenus de caractériser, dans leur décision de condamnation, l'infraction préalable ayant procuré l'objet recelé[121]. L'existence de l'infraction d'origine doit donc être certaine et la nature exacte de l'infraction d'origine précisée, les juges ne peuvent se contenter de formules imprécises constatant « l'origine frauduleuse des choses recelées »[122].

Tout comme le recel, le blanchiment nécessite pour sa constitution que l'existence d'une infraction d'origine soit démontrée[123]. La jurisprudence consacre cette exigence lorsqu'elle impose pour réprimer le blanchiment « *que soient relevés*

---

[115] Article 324-1 alinéa 1 du Code pénal

[116] Art 324-1 alinéa 2 du Code pénal

[117] Cass. Crim, 7 octobre 2009, pourvoi n°09-81.320

[118] VERON (M.), *Droit pénal spécial*, Sirey 16è édition, 2017, §575

[119] CAZALBOU (P.), *Etudes de la catégorie des infractions de conséquence : contribution à une théorie des infractions conditionnées*, *op cit.*, §92

[120] GARRAUD (R.), *Traité théorique et pratique du droit pénal français*, t. 6, Sirey, 3è édition, 1935, §2694

[121] LEPAGE (A.)., MATSOPOULOU (H.), *Droit pénal spécial*, *op cit.*, §877

[122] Cass. Crim., 23 mai 1962, Bull crim n°418

[123] MALABAT (V)., *Droit pénal spécial*, Dalloz 7è édition, 2015, §866

*précisément les éléments constitutifs d'un crime ou d'un délit principal ayant procuré à son auteur un produit direct ou indirect* »[124]. Des auteurs ont d'ailleurs pu se réjouir de voir une telle solution, identique à celle adoptée pour le recel, transposée par la Cour de cassation à l'infraction de blanchiment puisqu'elle témoigne, d'une exigence plus grande de la part des juges à l'encontre de la partie poursuivante[125].

Le juge apparaît ainsi confronté à une exigence de « double caractérisation », ce qui lui impose de constater non pas une mais deux infractions : l'infraction d'origine et l'infraction de conséquence[126]. Cette exigence doit cependant être nuancée. En effet, la caractérisation de l'infraction d'origine apparaît en pratique grandement facilitée de sorte que le lien de dépendance apparaît en réalité minime (B).

## B. Une dépendance relative de l'infraction de conséquence à l'infraction d'origine

La dépendance de l'infraction de conséquence à l'infraction d'origine apparaît diminuée tant par le recours aux présomptions dans la caractérisation de l'infraction d'origine (1) que par l'indifférence à la répression de son auteur (2).

### 1. Le recours aux présomptions dans la caractérisation de l'infraction principale

La caractérisation de l'infraction d'origine est facilitée par le fait que les magistrats puissent recourir à des présomptions jurisprudentielles (a) et par l'instauration par le législateur de présomptions légales (b).

---

[124] Cass. Crim., 25 juin 2003, Bull crim n°142

[125] Cass. Crim., 25 juin 2003, inédit, commentaire OTTENHOF, *RSC* 2004, p 350

[126] CAZALBOU (P), *Etudes de la catégorie des infractions de conséquence : contribution à une théorie des infractions conditionnées*, *op cit.*, §620

## a) Des présomptions jurisprudentielles

En principe, puisque les infractions de conséquence supposent la commission antérieure d'un crime ou d'un délit pour exister, l'exigence de démonstration de celui-ci pourrait être très élevée. Pour caractériser une infraction de conséquence, les juges devraient alors démontrer que les éléments constitutifs de l'infraction d'origine, c'est-à-dire l'élément matériel et l'élément moral, sont réunis. Pour autant, en pratique, les juges se contentent d'une simple origine infractionnelle, ou comme il l'a été aussi écrit, d'une « existence objective du délit d'origine »[127].

Dans de nombreux cas les juges se basent en effet sur des circonstances factuelles ambiguës pour établir l'infraction d'origine. Ambiguës car ces indices pris tels quels ne permettraient sans doute pas d'établir les éléments constitutifs de cette infraction, faute d'éléments suffisants, si elle était poursuivie. Cette pratique est parfaitement illustrée en matière de blanchiment. Des individus ont pu par exemple être condamnés pour blanchiment de trafic de stupéfiants sur la simple base d'un relevé de traces de cocaïne sur des billets de banque et dans un véhicule en leur possession. La Chambre criminelle, pour rejeter le pourvoi, affirmait alors que « *les traces de cocaïne ne peuvent provenir que des prévenus* » et que « *les sommes d'argent sont nécessairement liées à des infractions à la législation sur les stupéfiants* »[128]. Or, il semble possible d'affirmer de façon quasi certaine que la simple présence de trace de cocaïne sur des billets ne constituerait pas un élément de preuve suffisant pour condamner un individu pour trafic de stupéfiants. Cette solution illustre également l'indifférence portée à la caractérisation de l'élément intentionnel de l'infraction d'origine puisque les simples résidus de cocaïne permettent ici de caractériser un trafic de stupéfiants.

---

[127] DUCOULOUX-FAVARD (C.), Recel et blanchiment : deux délits de conséquences, *Gaz. Pal.*, 4 janvier 2003, n°4, p15

[128] Cass. Crim.,16 mai 2012, pourvoi n°11-82 409

Il semble intéressant de relever que cette conception, aussi critiquable soit-elle, se conforme à la lettre à la Convention de Varsovie. Celle-ci stipule en effet que : « *Chaque Partie s'assure qu'une condamnation pour blanchiment [...] est possible dès lors qu'il est prouvé que les biens [blanchis] [...] proviennent d'une infraction principale, sans qu'il soit nécessaire de prouver de quelle infraction précise il s'agit* »[129]. Le Rapport explicatif ajoute que : « *pour faciliter l'action pénale, les auteurs de la présente convention ont rappelé qu'il importait que les autorités chargées des poursuites n'aient pas à prouver tous les éléments factuels d'une infraction principale spécifique, si la preuve de l'origine illicite des biens peut être déduite de l'ensemble des circonstances de l'affaire* »[130].

Les juges s'appuient également sur les difficultés des prévenus à justifier l'origine des sommes d'argent ou des choses en leur possession pour démontrer l'existence d'une infraction d'origine. La condamnation d'un individu pour recel sur base de la détention d'objets de provenance suspecte et des difficultés du prévenu à en justifier l'origine de manière convaincante apparaît ainsi justifiée pour la Cour de cassation. C'est que selon elle « *il n'importe que les circonstances du délit d'où proviennent les objets n'aient pas été entièrement déterminées, dès lors que le prévenu avait connaissance de leur origine délictueuse* »[131].

De la même façon, au stade de l'enquête, le simple constat de l'impossibilité pour une personne de justifier instantanément, à la requête des autorités de police agissant dans le cadre d'un contrôle routier, de l'origine des biens en sa possession est suffisant pour constituer les indices apparents du blanchiment et permet aux agents d'agir en enquête de flagrance[132].

---

[129] Convention relative au blanchiment, au dépistage, à la saisie et à la confiscation des produits du crime, 1990, article 9, § 6

[130] SEGONDS (M.), *« Blanchiment »*, *op cit.*, §58

[131] Cass. Crim., 24 avril 2001, inédit, pourvoi n°00-86.325

[132] Cass. Crim., 20 février 2008, pourvoi n°07-82.977

Il apparaît donc que les juges, en se contentant d'une simple origine infractionnelle, déconnectent l'infraction d'origine de l'infraction de conséquence, ce qui participe à leur autonomie.

Certaines infractions de notre Code pénal ne peuvent être commises que par des individus disposant d'une qualité particulière. Cette dernière constitue alors un des éléments constitutifs de l'infraction et sa démonstration s'avère nécessaire pour qualifier le comportement visé. En matière de recel, la question de cette démonstration s'est posée concernant la violation du secret professionnel. En effet, il a pu être affirmé que l'appartenance de l'agent à une liste légale limitative ne devrait pas pouvoir être présumée, ni induite de certains éléments de faits rendant invraisemblable l'intervention d'une personne étrangère à cette liste[133]. Si des solutions rendues par la Cour de cassation ont pu sembler interdire une telle présomption, en censurant par exemple un arrêt ayant condamné un individu pour recel de violation du secret professionnel sans identifier l'auteur de la violation[134], il apparaît que dans la majorité des cas l'identification de l'auteur n'est absolument pas nécessaire pour condamner le receleur. Il a ainsi pu être affirmé récemment que seule est exigée la démonstration que l'auteur de la révélation fait partie des dépositaires du secret, et non l'identification de celui-ci[135]. Les juges déduisent donc en réalité la qualité de la personne ayant divulgué les informations protégées de la nature des informations révélées, comme le reconnaissait d'ailleurs la Cour de cassation dans une décision du 19 juin 2001 en confirmant la position des juges du fond qui retenaient qu'en « *l'absence de tout élément permettant d'accréditer une divulgation accidentelle, son auteur ne peut être qu'un professionnel tenu au secret* »[136].

---

[133] VERON (M.), *Droit pénal spécial*, Sirey, 16è édition, 2017, §575

[134] Cass. Crim., 4 décembre 2007, Dt pénal, 2008, commentaire 37

[135] Cass. Crim., 9 juin 2015, pourvoi n°14-80.713

[136] Cass. Crim., 19 juin 2001, pourvoi n°99-851.88, rejet du premier moyen de

Cette absence de nécessité de l'identification de l'auteur apparaît donc ici encore plus discutable puisqu'elle détermine l'existence même de l'infraction[137].

La caractérisation de l'infraction d'origine est également facilitée par l'instauration par le législateur de présomptions légales (b).

### b) Des présomptions légales

Guidé par la volonté de faciliter la caractérisation de l'infraction de blanchiment, et conscient de la difficulté de caractériser l'origine illicite de biens ou de revenus, le législateur a instauré une véritable présomption de culpabilité. La loi n°2013-1117 relative à la lutte contre la fraude fiscale et la grande délinquance économique et financière a en effet introduit un article 324-1-1 dans le Code pénal, qui dispose que « *pour l'application de l'article 324-1, les biens ou les revenus sont présumés être le produit direct ou indirect d'un crime ou d'un délit dès lors que les conditions matérielles, juridiques ou financières de l'opération de placement, de dissimulation ou de conversion ne peuvent avoir d'autre justification que de dissimuler l'origine ou le bénéficiaire effectif de ces biens ou revenus* ». Ce texte permet aux magistrats de s'abstenir de démontrer le lien d'origine unissant l'objet des faits de blanchiment consistant en un placement, une dissimulation ou une conversion et le produit lié à la commission d'un crime ou d'un délit, lorsque les conditions sont réunies. Cette démonstration était en effet nécessaire pour caractéri-

---

cassation

[137] Voir cependant : Cass. Crim., 11 mai 2016, pourvoi n°15-82.365. Cette décision récente nuance notre propos puisque les juges y affirment que « l*e recel de violation du secret professionnel ne saurait être retenu, s'agissant de la publication dans la presse d'extraits d'un ouvrage reproduisant des éléments d'une procédure pénale, faute de preuve d'une divulgation émanant d'une personne astreinte au secret professionnel ou d'une détention matérielle par les journalistes des documents couverts par le secret* ». Si une telle solution venait à se répéter, l'identification de la personne astreinte au secret professionnel ayant divulgué l'information apparaîtrait alors comme une des conditions nécessaires à la caractérisation du recel de violation du secret professionnel.

ser le blanchiment de l'article 324-1, alinéa 2, du Code pénal bien qu'elle ne soit pas chose aisée. Certains auteurs ont ainsi pu parler de « *probatio diabolica* »[138] pour évoquer la preuve de l'origine illicite des biens ou revenus objet du blanchiment. Cette présomption ne semble cependant pas s'appliquer à l'article 324-1 alinéa 1, le délit de blanchiment du patrimoine du criminel n'exigeant point pour être constitué que soit rapportée la preuve de l'origine illicite des biens ou des revenus de l'agent concerné[139]. Il est ainsi admis qu'il faut seulement établir, la justification mensongère de l'origine des biens et revenus de l'agent d'une part et, d'autre part que l'agent considéré est l'auteur d'un crime ou d'un délit ayant procuré à celui-ci un profit direct ou indirect.

Eu égard au nécessaire respect de la présomption d'innocence, la présomption instituée par l'article 324-1-1 du Code pénal n'est qu'une présomption simple. Elle ne pourra donc pas jouer lorsque « *la personne mise en cause justifie de considérations juridiques, patrimoniales ou économiques permettant d'expliquer le montage* »[140] auquel elle a eu recours[141].

L'article 321-6, al. 1er, du Code pénal[142] réprime « le fait de ne pas pouvoir justifier de ressources correspondant à son train de vie ou de ne pas pouvoir justifier de l'origine d'un bien détenu, tout en étant en relations habituelles avec une ou plusieurs personnes qui soit se livrent à la commission de crimes ou de délits punis d'au moins cinq ans d'emprisonnement et procurant à celles-ci un profit direct ou indirect, soit sont les victimes d'une de ces infractions ». Il apparaît donc que si une personne n'est pas en mesure de

---

138 SEGONDS (M.), Commentaire de la loi 2013-1117 du 6 décembre 2013, *Dt pénal* 2014, n°2, étude n°3, §8

139 *Ibid.*

140 Circulaire, 23 janvier 2014, BO Justice, n°2014-01, 31 janvier 2014, p.6

141 LEPAGE (A.), MATSOPOULOU (H.), *Droit pénal spécial*, *op cit.* §916

142 Cet article a été instauré par la loi n°2006-64 du 23 janvier 2006 relative à la lutte contre le terrorisme

justifier de ses ressources, par exemple par la production d'un contrat de travail ou de déclarations de revenus, elle est en quelque sorte présumée receleuse de biens provenant des activités délictueuses des individus qu'elle fréquente de manière habituelle[143]. Il n'est alors pas nécessaire pour le juge de démontrer l'origine illicite des ressources, comme il l'est normalement exigé en matière de recel, puisque celle-ci est présumée. La présomption de recel a donc été incriminée par le législateur[144].

Outre le recours aux présomptions, la dépendance de l'infraction de conséquence à l'infraction d'origine doit également être relativisée au regard de l'indifférence, pour poursuivre l'auteur de la première, à la répression de l'auteur de la seconde (2).

### 2. L'indifférence à la répression de l'auteur de l'infraction d'origine

A partir du moment où les faits présentent un caractère délictueux, l'infraction de conséquence peut être caractérisée même si l'auteur de l'infraction d'origine n'a pas fait l'objet d'une répression effective. Il est ainsi couramment admis par la jurisprudence que le receleur et le blanchisseur sont punissables même si l'auteur est décédé, en fuite[145], n'a pas été identifié ou a échappé aux recherches[146]. Si ces solutions se justifient puisque la répression de l'auteur est limitée par des impossibilités matérielles, plus édifiante est l'application de cette solution alors même que l'auteur de l'infraction d'origine était connu, pouvait faire l'objet de poursuite, mais que tel n'a pas été le cas[147]. En matière de blanchiment, la chambre criminelle a pu affirmer que l'article 324-1 du Code

---

143 LEPAGE (A.), MATSOPOULOU (H,) *op cit.*, §905

144 Lucas de Leyssac M., Mihman A., *Droit pénal des affaires : Manuel théorique et pratique*, *op cit.*, §224

145 Cass. Crim., 12 janvier 1981, JCP G, IV, p109

146 Cass. Crim., 3 mars 1995, D,1955,329

147 Pour un exemple en matière de recel : Cass. Crim., 6 février 1997

pénal n'impose pas que des poursuites aient été préalablement engagées, ni qu'une condamnation ait été prononcée du chef du crime ou du délit ayant permis d'obtenir les sommes d'argent blanchies[148].

La Cour de cassation va même parfois plus loin en jugeant que le recel est constitué, après constatation d'une soustraction frauduleuse et malgré la relaxe du prévenu, en raison de l'autorité relative de la chose jugée[149].

L'indifférence à la répression de l'auteur de l'infraction d'origine a pu être considérée comme révélatrice de l'autonomie des délits de blanchiment[150], et cette considération est tout à fait transposable au recel. Cette indifférence apparaît dès lors révélatrice d'une certaine autonomie des délits de conséquence.

L'exigence de caractérisation de l'infraction d'origine n'apparaît ainsi pas en pratique très contraignante. Le recours aux présomptions et l'indifférence à la répression de l'auteur de l'infraction principale témoignent même d'une facilitation accrue de cette caractérisation.

Outre l'existence d'une infraction d'origine, les textes d'incriminations exigent également que l'auteur ait connaissance de la provenance infractionnelle de la chose objet du recel ou des biens, revenus et produits sur lesquels porte le blanchiment. Et, de nouveau, la démonstration de cette connaissance s'avère grandement facilitée (§2).

## §2. L'exigence minime de caractérisation de la connaissance de l'infraction d'origine

Il semble à première vue que la caractérisation de la connaissance de l'infraction d'origine par l'auteur de l'infraction de conséquence est une condition indispensable pour lui

---

148 Cass. Crim., 20 févr. 2008, pourvoi n°07-82.977, Bull crim n°43

149 Crim 9 février 1956, D., 1956, 501

150 SEGONDS (M)., « *Blanchiment* », *op cit.*, §57

reprocher un recel ou un blanchiment (A). Pourtant, cette caractérisation apparaît facilitée en pratique par le recours aux présomptions, ce qui tend de nouveau à relativiser la dépendance de l'infraction de conséquence à l'infraction d'origine (B).

## A. Une dépendance apparente

Pour être caractérisées, les infractions de conséquence supposent une double connaissance. Concernant le recel, l'agent doit avoir conscience de détenir la chose car il n'y a pas de recel si l'on détient quelque chose sans le savoir (objet placé dans la voiture du prévenu à son insu par exemple), et il doit savoir que l'objet provient d'un crime ou d'un délit[151]. C'est ce deuxième aspect qui est le plus important. Il faut donc que l'agent n'ait eu aucun doute sur l'origine frauduleuse des choses qui lui étaient proposées ou qu'il utilisait[152]. De la même manière, le blanchisseur doit avoir eu connaissance que la personne, à qui il a prêté son concours, était l'auteur d'un crime ou d'un délit ou que les biens ou revenus avaient une origine illicite[153]. L'élément psychologique doit donc être dédoublé. L'exigence de cette connaissance a pu être affirmée explicitement par la chambre criminelle de la Cour de cassation en matière de recel dans une décision, dite « Glili », du 7 novembre 1990 : *« Attendu que par ces énonciations qui ne constatent pas que Glili a eu connaissance de l'origine frauduleuse de ces objets ou matériels, la Cour d'appel n'a pas mis la Cour de cassation en mesure d'exercer son contrôle sur la légalité de la décision »*[154]. Comme l'illustre cette solution, à défaut de démonstration d'une telle connaissance, il est couramment affirmé que les prévenus ne peuvent être condamnés[155].

---

[151] PRADEL (J.), DANTI-JUAN (M.), *Droit pénal spécial*, Cujas, 6è édition, 2014, §952
[152] Cass. Crim., 30 octobre 1978, Bull crim n°110
[153] LEPAGE (A.), MATSOPOULOU (H.), *Droit pénal spécial*, *op cit.*, §918
[154] Cass. Crim., 7 novembre 1990, inédit, *Dt pénal* 1991, 77
[155] Cass. Crim., 30 octobre 1978, Bull crim n°110

Cependant, seule cette connaissance de l'origine illicite de la chose est exigée. Il n'est pas nécessaire que l'auteur de l'infraction de conséquence ait une connaissance précise de l'infraction d'origine. La dépendance de l'infraction de conséquence à l'infraction apparaît donc relative (B).

## B. Une dépendance relative

La démonstration de la connaissance de l'infraction d'origine par l'auteur de l'infraction de conséquence est facilitée tant par le recours à des présomptions jurisprudentielles (1) que par l'instauration de présomptions par le législateur (2).

### 1. Des présomptions jurisprudentielles

Si le receleur et le blanchisseur ne doivent avoir aucun doute sur l'origine « frauduleuse » du produit qu'ils manipulent[156] il est admis qu'ils peuvent être condamnés quand bien même ils n'auraient pas une connaissance précise de la nature et de la qualification exacte de l'infraction d'origine. De la même façon, il importe peu qu'ils aient connaissance des « détails de circonstances » de sa commission[157]. Ainsi, il suffit d'établir que l'auteur de l'infraction de conséquence ne pouvait avoir aucun doute sur l'origine frauduleuse des choses[158]. Les juges déduisent alors la mauvaise foi de l'agent des circonstances de l'espèce. Ils retiennent par exemple en matière de recel la dissimulation de la chose, le fait que le prix soit anormalement bas[159], l'absence de facture[160], ou encore que la transaction se soit faite en espèces[161]. La qualité de professionnel du prévenu est également un élément fréquemment pris en compte par les juges pour présumer

---

[156] Cass. Crim., 7 novembre 1990, inédit, *Dt pénal* 1991, comm. 77

[157] Cass. Crim., 6 octobre 2004, *Dt pénal*, 2005, comm. 38

[158] Cass. Crim., 19 déc 1992, *Dt pénal*, 1993, comm. 132

[159] Cass. Crim., 27 juin 2012, pourvoi n°11-86.555, *Rev pénit.*, 2013, comm. 141

[160] Cass. Crim., 30 octobre 1962, Bull crim n°298

[161] Cass. Crim., 17 janvier 1990, *Dt pénal*, 1990, comm. 190

leur connaissance de l'infraction principale en cas de recel[162]. En matière de blanchiment, le juge pénal sera également assez sévère avec les professionnels qui pourront difficilement prétendre ignorer la provenance frauduleuse des fonds[163]

Les juges tendent parfois également à confondre l'élément intentionnel qui est exigé avec une faute d'imprudence[164]. Le fait que le prévenu ait préféré fermer les yeux plutôt que de s'informer, ce qui constitue certes une grave imprudence, peut ainsi être considéré comme une preuve de sa mauvaise foi[165]. Il peut également être reproché au prévenu une absence de précautions lors de son achat, ou le fait de « n'avoir pu ignorer » l'origine de la chose dont il profite[166]. Idem en matière de blanchiment, notamment pour les personnes ayant un devoir de vigilance renforcé, tels les banquiers, où le juge présume parfois leur mauvaise foi en affirmant qu'ils n'ont pu « *ignorer le caractère frauduleux des fonds ayant transité sur les comptes qu'ils ont gérés, n'ayant rien tenté pour en connaître l'origine malgré le fonctionnement atypique de ces comptes et ayant sciemment méconnu les obligations* » de vigilance auxquelles ils étaient personnellement soumis[167].

Le législateur, pour faciliter la démonstration de la connaissance de l'infraction d'origine, a également instauré des présomptions (2).

## 2. Des présomptions légales

Il a pu être évoqué précédemment que l'article 324-1-1 du Code pénal instaure une présomption d'origine illicite des biens ou revenus en matière de blanchiment lorsque les

---

[162] Cass. Crim., 2 décembre 1984, Bull crim n°381

[163] MALABAT (V.), *Droit pénal spécial*, Dalloz 7è édition, 2015, §870

[164] CONTE (P.), LARGUIER (J.), *Droit pénal des affaires*, Colin, 11é édition, 2004, §243

[165] PRADEL (J.), DANTI-JUAN (M.), *Droit pénal spécial*, *op cit.*, §953

[166] Cass. Crim., 9 mai 1974, pourvoi n°73-92.382

[167] Cass. Crim., 8 avril 2010, pourvoi n°09-84.525

« *conditions de réalisation de l'opération dont ils font l'objet ne répondent à aucune justification économique ou patrimoniale* » et qu'elles « *ne peuvent s'expliquer autrement que par la volonté de dissimuler* » leur origine. Cette présomption dispense donc le magistrat du parquet d'apporter la preuve de la connaissance par l'auteur du blanchiment de la nature de l'infraction d'origine puisque cette connaissance est alors purement présumée.

Le délit de non-justification de ressources, défini par l'article 321-6 al 1er du Code pénal, permet en quelque sorte, comme nous avons pu le démontrer, de présumer qu'un individu est receleur de biens provenant des activités délictueuses des individus qu'elle fréquente de manière habituelle. Dès lors, les biens étant présumés découler d'activités délictueuses, la caractérisation de la connaissance de ces infractions par l'auteur de la non-justification de ressource n'apparaît absolument pas nécessaire. Ce délit permet donc au juge de sanctionner un comportement assez proche de celui incriminé par le délit de recel tout en dispensant le juge de caractériser la connaissance des infractions de l'individu avec qui elle est en relation.

L'exigence de caractérisation de l'infraction d'origine et de sa connaissance par l'auteur de l'infraction de conséquence se voit ainsi nuancée. Du fait de l'autonomie des infractions de conséquence, l'infraction d'origine apparaît comme un paramètre parmi d'autres concourant à l'établissement de l'infraction de conséquence, et dont la démonstration se voit grandement facilitée. L'autonomie de ces infractions est encore démontrée de par l'indépendance des poursuites diligentées à l'encontre de l'auteur de l'infraction de conséquence au regard des considérations procédurales qui s'opposeraient à la poursuite de l'auteur de l'infraction principale (Section 2).

## Section 2. L'autonomie procédurale des infractions de conséquences

Le lien de dépendance entre l'infraction d'origine et l'infraction de conséquence pourrait laisser présager qu'il existe une dépendance procédurale entre ces deux infractions. Mais, à l'inverse, l'autonomie de ces infractions est démontrée tant par l'indépendance des poursuites exercées à l'encontre leur auteur (§1) que par l'indifférence à l'égard de la compétence juridictionnelle de l'infraction d'origine (§2).

### §1. La poursuite autonome des infractions de conséquence

Les infractions de conséquence font l'objet de poursuites autonomes et sont donc indifférentes tant à l'absence de poursuites effectives de l'infraction principale (A) qu'à l'impossibilité de les exercer (B).

#### A. L'absence de poursuite effective de l'infraction principale

Les poursuites peuvent être engagées à l'encontre de l'auteur de l'infraction de conséquence alors même que l'autorité de poursuite a fait le choix de ne pas poursuivre l'auteur de l'infraction d'origine (1) ou que les conditions nécessaires à l'exercice des poursuites à son encontre ne sont pas remplies (2).

##### 1. L'opportunité des poursuites

L'absence de poursuite de l'infraction principale peut résulter d'obstacles factuels empêchant la poursuite de l'auteur principal. Il en est ainsi si l'auteur n'a pas pu être identifié, est en fuite ou même décédé, ou s'il n'a pas fait l'objet de poursuites. Les premières situations ayant déjà été évoquées précédemment et n'appelant pas de plus amples développements, nous nous concentrerons ici sur l'absence d'initiative du Ministère public en raison de son pouvoir d'opportunité des poursuites.

L'article 40-1 du Code de procédure pénale offre au Ministère public la faculté d'apprécier l'opportunité d'engager les poursuites à l'encontre de l'auteur de ce qu'il considère être une infraction. En effet, le procureur de la République, lorsque des faits qui lui sont rapportés constituent une infraction, doit faire un choix parmi les trois « voies » qui lui sont proposées. Il peut alors choisir d'engager des poursuites, de mettre en œuvre une procédure alternative aux poursuites ou bien décider de classer sans suite la procédure. Puisque l'infraction d'origine et l'infraction de conséquence sont des infractions autonomes, le choix d'une voie pour la première n'oblige en rien le magistrat à faire un choix identique pour la seconde, et inversement. Par ailleurs, le procureur de la République peut choisir de « *classer sans suite la procédure dès lors que les circonstances particulières liées à la commission des faits le justifient* ». Un classement sans suite n'équivaut donc pas à une absence d'infraction. Comme l'a très justement écrit un auteur, il ne faudrait pas croire que le Procureur engage les poursuites uniquement dans le cas où l'infraction est constituée, qu'il propose une alternative quand celle-ci est moyennement constituée et qu'il classe sans suite lorsque l'infraction n'existe pas[168]. Les circonstances particulières liées à la commission des faits peuvent en effet être de pures opportunités[169].

Ainsi, le choix du procureur de la République d'exercer l'action publique ou non ne détermine en rien l'existence de l'infraction d'origine. Dès lors, des poursuites peuvent tout de même être engagées à l'encontre de l'auteur de l'infraction

---

[168] CAZALBOU (P.), *Etudes de la catégorie des infractions de conséquence : contribution à une théorie des infractions conditionnées*, *op cit.*, §526

[169] L'article 40-2 du Code de procédure pénale dispose : « *Lorsque [le procureur de la République] décide de classer sans suite la procédure, il avise [les plaignants et les victimes] de sa décision en indiquant les raisons juridiques ou d'opportunité qui la justifient* ».

de conséquence. Par ailleurs, des poursuites peuvent également être engagées alors même que les conditions nécessaires à l'exercice des poursuites à son encontre ne sont pas remplies (2).

### 2. L'indifférence aux conditions encadrant l'exercice des poursuites

Bien que l'exercice de l'action publique soit une prérogative du Ministère public, il peut connaître un encadrement. L'article L228 du Livre des procédures fiscales impose comme condition de recevabilité de la poursuite de l'infraction de fraude fiscale, incriminée par l'article 1741 du Code général des impôts, une plainte préalable de l'administration fiscale après avis conforme de la Commission des infractions fiscales. Une question s'est alors posée : si la poursuite de l'infraction de fraude fiscale impose une plainte préalable de l'administration fiscale, doit-il en être de même pour le délit de conséquence qu'est le blanchiment ?[170] La Cour de cassation y a répondu par la négative, les juges affirmant que « *la poursuite du délit de blanchiment, infraction générale, distincte et autonome, n'est pas soumise aux dispositions de l'article L228 du livre des procédures fiscales* ». C'est qu'en effet cet article n'évoque en rien les infractions de conséquence qui peuvent être réalisées après la commission d'un délit de fraude fiscale. De plus, comme il l'a été démontré précédemment, seule l'existence d'une « situation infractionnelle » est nécessaire pour que la poursuite de l'infraction de conséquence soit engagée. Or, la plainte de l'administration fiscale n'étant pas un élément influant sur l'existence objective du délit de fraude fiscale, elle n'influe en rien sur son existence. Cette solution, bien que largement approuvée,[171] n'était pourtant pas forcément attendue puisqu'elle constitue un revirement de

---

[170] MALABAT (V.), Blanchiment : indifférent à une plainte préalable, note sous Cass. Crim., 28 février 2008, *RPDP*, 2008, p402

[171] *Ibid.*

jurisprudence[172]. En effet, la Chambre criminelle avait auparavant considéré que le juge ne peut pas caractériser le délit de fraude fiscale, nécessaire à la poursuite du recel, sans avoir constaté l'existence d'une plainte préalable de l'Administration et la procédure fiscale antérieure[173]. Bien que les deux solutions ne concernent pas la même infraction, la solution retenue pour le blanchiment semble s'appliquer aux infractions de conséquence de façon générale.

La transposition de la solution posée en matière de blanchiment à l'infraction de recel découle des termes de la solution énoncée par la Chambre criminelle. Puisque, et c'est ce que nous nous efforçons de démontrer, le recel et le blanchiment ont une même structure d'infractions de conséquence[174] au sens où elles sont toutes deux des infractions générales, distinctes et autonomes, et que la lettre de l'article L228 du Livre des procédures fiscales ne contient aucune disposition concernant les infractions de conséquence, il n'existe aucune raison de voir deux solutions différentes leur être appliquées[175].

Les infractions de conséquence sont ainsi indifférentes à l'absence de poursuites de l'infraction d'origine. Elles le sont également à l'impossibilité d'exercer ces poursuites (B).

## B. L'impossibilité de poursuivre l'infraction principale

L'impossibilité de poursuivre l'infraction principale, qu'elle résulte de la prescription de celle-ci (1) ou de diverses causes d'impunité (2), n'empêche pas la poursuite de l'auteur de l'infraction de conséquence.

---

[172] LUCAS DE LEYSSAC (M.), MIHMAN (A.), *Droit pénal des affaires : Manuel théorique et pratique*, *op cit.*, §202

[173] Cass. Crim., 14 décembre 2000, Bull crim n°381

[174] MALABAT (V.), Blanchiment : indifférent à une plainte préalable, *op cit.*, p402

[175] Voir en ce sens : DAURY-FAUVEAU (M.), JCL. Code pénal, article 321-1, §15

## 1. L'indifférence à la prescription

Les infractions de conséquence sont indépendantes de la prescription de l'infraction principale. En effet, les infractions de conséquence disposent d'un délai de prescription propre et leur poursuite est indifférente à la prescription de l'infraction d'origine[176] qui peut être acquise antérieurement[177]. Cette disjonction des prescriptions était d'ailleurs un des arguments qui a conduit à la création du recel comme infraction autonome, et constitue une exigence posée par la Convention de Varsovie[178]. L'indépendance des prescriptions découle donc du caractère distinct des infractions de conséquence[179], bien que cette explication ne fasse pas l'unanimité[180].

Force est de reconnaître que dans un souci répressif la Cour de cassation maintient un dernier lien de dépendance en matière de recel d'abus de biens sociaux et d'abus de confiance[181]. Il a ainsi pu être affirmé que les infractions de conséquence gardaient leur caractère de délit de conséquence au regard de la prescription[182], la Cour de cassation jugeant notamment que le recel ne saurait commencer à se prescrire avant que l'infraction dont il procède soit apparue et ait pu être constatée dans les conditions permettant l'exercice de l'action publique[183]. La clandestinité de l'infraction d'origine

---

[176] Cass. Crim., 31 mai 2012, note SEGONDS, *RPDP*, 2012, p928

[177] Pour le recel : Cass Crim., 16 juillet 1964, Bull crim n°241

[178] Convention de Varsovie, 16 mai 2005, article 9 §5 : *« Chaque partie s'assure qu'une condamnation pour blanchiment est possible en l'absence de condamnation préalable ou concomitante au titre de l'infraction principale. A cet égard, l'inopposabilité de la prescription de l'action publique relative à l'infraction d'origine est indispensable à la satisfaction d'un tel engagement international »*

[179] Cass. Crim., 31 mai 2012, note SEGONDS, *op cit.*

[180] CAZALBOU (P.), *Etudes de la catégorie des infractions de conséquence : contribution à une théorie des infractions conditionnées*, *op cit.*, §535 : l'auteur explique la disjonction des prescriptions par les règles classiques de computation du délai de prescription

[181] Cass. Crim., 7 mai 2002, Bull crim n°107

[182] VERON (M.), *Droit pénal spécial*, Sirey 16è édition, 2017, §585

[183] Cass. Crim., 24 septembre 2008, JurisData n°2008-045563

peut donc permettre un allongement du délai de prescription de l'infraction de conséquence. Cette dépendance reste cependant minime puisque cette solution semble cantonnée à deux infractions précises[184]. Si elle peut la nuancer quelque peu, elle reste insuffisante pour remettre en cause l'indépendance de la prescription des infractions de conséquence.

Les poursuites de l'auteur de l'infraction d'origine sont également, dans une grande partie des cas, indifférentes aux causes d'impunité de l'auteur de l'infraction d'origine (2).

### 2. L'indifférence aux causes d'impunité

N'ayant pas pour effet d'enlever aux faits leur caractère délictueux, les causes d'impunité strictement personnelles à l'auteur de l'infraction principale ne bénéficient qu'à celui-ci. On trouve notamment parmi ces causes d'immunité, l'immunité familiale en matière de vol consacrée par l'article 311-12 du Code pénal[185], l'immunité parlementaire et l'amnistie personnelle. L'explication qui a pu être donnée aux effets de cette dernière, bien qu'ancienne, apparaît de nos jours toujours pertinente. Puisque l'amnistie personnelle procède de considérations subjectives tirées du comportement de l'individu, et qui laissent subsister les caractères intrinsèques de l'infraction, on est conduit à reconnaître que, ne faisant pas disparaître la provenance délictueuse de la chose, elle ne saurait avoir d'influence sur l'existence du recel, et par conséquent assurer indirectement l'impunité de son auteur [186]. Une explication similaire peut être donnée concernant les effets des autres causes d'immunité personnelle. Puisqu'aucune d'elles n'a pour effet de faire disparaître le

---

[184] Voir en ce sens : Cass. Crim., 8 novembre 2005, Bull crim n°284 : refus de l'application d'une telle solution en matière de recel consécutif à une violation du secret professionnel

[185] Une telle immunité était déjà admise par la jurisprudence : Cass. Crim., 6 novembre 1936, Bull crim n°111

[186] LEGAL (A.), Conséquences de l'amnistie pour le complice ou le receleur, *RSC* 1954, p760

caractère délictueux de l'infraction d'origine, il est logique que ces immunités n'empêchent aucunement la poursuite de l'auteur de l'infraction de conséquence.

De la même façon, les causes d'irresponsabilité personnelle à l'auteur, telle que la démence[187] ou le très jeune âge ne s'opposent pas à la poursuite de l'auteur de l'infraction de conséquence.

Du fait de la nécessaire existence d'une infraction préalable, certaines causes d'impunités objectives font tout de même obstacle à leur répression. Contrairement aux causes d'impunités personnelles, qui ont un caractère subjectif, les causes objectives ôtent le caractère délictueux aux faits. Or, sans infraction d'origine, il ne peut y avoir d'infractions de conséquence. Ainsi, l'amnistie réelle empêche les poursuites à l'égard du receleur[188], tout comme l'abrogation de l'incrimination du délit d'origine.

L'autonomie des infractions de conséquence se voit ainsi démontrée par la possibilité pour le ministère public d'exercer des poursuites à l'encontre de leur auteur alors même qu'aucune poursuite n'est, ou ne peut, être exercée à l'encontre de l'auteur de l'infraction d'origine. Cette autonomie procédurale se voit également illustrée par la possibilité pour les juridictions françaises de poursuivre l'auteur de l'infraction de conséquence alors même que l'infraction d'origine a été commise en dehors du territoire de la République (§2).

## §2. L'autonomie à l'égard de la compétence juridictionnelle de l'infraction d'origine

Des poursuites peuvent être engagées à l'encontre de l'auteur de l'infraction de conséquence alors même que l'infraction d'origine a été commise à l'étranger (1). L'infrac-

---

[187] Article 122-1 du Code pénal

[188] LEGAL (A.), *Conséquences de l'amnistie pour le complice ou le receleur, op cit.*, p760

tion d'origine pourra de plus être caractérisée au regard de la seule loi française (2).

## A. L'indifférence au lieu de commission de l'infraction d'origine

Les infractions de conséquence étant des infractions complexes, la mise en œuvre du principe de territorialité mérite d'être étudiée. En effet, si la compétence des juridictions françaises ne fait pas de doute lorsque l'infraction d'origine et l'infraction de conséquence sont commises sur le territoire de la République, des interrogations sont permises concernant celle-ci lorsque l'infraction d'origine est commise à l'étranger. Cette dernière hypothèse fera donc l'objet de quelques précisions.

En vertu de l'article 113-2 du Code pénal « *la loi pénale française est applicable aux infractions commises sur le territoire de la République* ». Comme il l'a été démontré précédemment, les infractions de conséquence sont des infractions distinctes de l'infraction d'origine, ce que la chambre criminelle se plaît à rappeler régulièrement[189]. Or ce caractère distinct a pour conséquence qu'il importe peu que l'infraction d'origine ait été commise sur ou en dehors du territoire de la République[190]. En effet, puisque l'infraction de conséquence est une infraction à part entière, la seule démonstration de la commission d'un fait du blanchiment sur le territoire suffira à établir la compétence des juridictions françaises. Par conséquent, bien que l'infraction d'origine soit commise à l'étranger, l'infraction de conséquence peut faire l'objet de poursuites devant les juridictions françaises. Cette solution apparaît d'autant plus logique qu'elle était l'un des arguments

---

[189] Pour le blanchiment, voir par exemple : Cass. Crim., 24 février 2010, pourvoi n°09-82.857, Bull crim n°37

[190] Cass. Crim., 24 févr. 2010, pourvoi n°09-82.857, Bull crim n°37 : les juges affirment que « *les textes qui définissent le délit de blanchiment n'imposent ni que l'infraction ayant permis d'obtenir les sommes blanchies ait eu lieu sur le territoire national ni que les juridictions françaises soient compétentes pour la poursuivre* »

avancés lors de la création du recel comme infraction distincte et qu'elle a été expressément énoncée par différents textes internationaux[191].

## B. La qualification de l'infraction d'origine

La qualification de l'infraction d'origine par les magistrats français est indifférente à la réciprocité de l'incrimination d'origine (1) ainsi qu'à la qualification retenue par les juridictions étrangères (2).

### 1. L'indifférence de la réciprocité de l'incrimination d'origine

L'indifférence de la réciprocité de l'incrimination de l'infraction d'origine à la poursuite de l'infraction de conséquence s'explique par son autonomie[192] à l'égard de la théorie de la complicité. Il en résulte en effet que la criminalité du recel ou du blanchiment n'est pas une criminalité d'emprunt mais une criminalité propre. La criminalité d'emprunt aurait eu pour conséquence de conditionner la compétence des juridictions françaises à l'existence d'une incrimination réciproque de l'infraction d'origine dans l'État étranger et à la constatation d'une décision définitive de la juridiction étrangère, conformément aux exigences posées à l'article 113-5 du Code pénal[193]. A l'inverse, la criminalité propre des infractions de conséquence permet la seule application du principe de territorialité et donc la compétence de la loi française pour l'infraction commise sur le territoire de la République,

---

[191] Par exemple, la directive n°2005/60/CE du 26 octobre 2005 énonce qu'il y a blanchiment de capitaux même si les activités qui sont à l'origine des biens à blanchir sont exercées sur le territoire d'un autre État membre ou sur celui d'un pays tiers (art. 1, § 3, Journal officiel de l'UE, n° L 309 du 25 nov. 2005, p. 15)

[192] Voir par exemple : Cass. Crim., 24 février 2010, pourvoi n°09-82.857, Bull crim n°37

[193] L'article 113-5 du Code pénal dispose : « *La loi pénale française est applicable à quiconque s'est rendu coupable sur le territoire de la République, comme complice, d'un crime ou d'un délit commis à l'étranger si le crime ou le délit est puni à la fois par la loi française et par la loi étrangère et s'il a été constaté par une décision définitive de la juridiction étrangère* »

sans que la question de la réciprocité de l'incrimination d'origine n'ait à être prise en compte.

Si la poursuite de l'infraction de conséquence est indifférente au lieu de commission de l'infraction d'origine, elle l'est également à la qualification retenue par les juridictions étrangères (2).

### 2. L'indifférence à la qualification de l'infraction d'origine

Depuis plus d'un siècle il est affirmé que la « *la loi pénale est seule applicable à l'existence et aux éléments constitutifs de l'infraction commise en France* ». Ce principe, dégagé par la jurisprudence[194], trouve à s'appliquer concernant les infractions de conséquence. Il a en effet pu être jugé que l'infraction d'origine constitue un élément constitutif du recel[195], et cette solution semble transposable au blanchiment dans la mesure où la structure de leur incrimination est identique[196]. L'infraction d'origine pouvant ainsi être considérée comme un élément constitutif de l'infraction de conséquence, il ressort de l'application du principe énoncé précédemment que la loi pénale française est seule applicable. L'on conclura donc à la seule compétence de la loi française pour procéder non seulement à la qualification du fait de blanchiment mais également à la qualification du fait criminel ou délictuel d'origine[197]. Ce principe de solution est celui retenu par la chambre criminelle de la Cour de cassation[198].

---

[194] Cass. Crim., 23 février 1884, Bull crim n°52

[195] Cass. Crim., 26 septembre 2007, Bull crim n°224

[196] Voir en ce sens : VERON (M.), note sous Crim 26 septembre 2007, bull n224, *Dt pénal*, 2007, comm. 150

[197] SEGONDS (M.), « *Blanchiment* », Répertoire de droit pénal et de procédure pénale, octobre 2017, §116

[198] Pour une décision en matière de blanchiment : Crim. 11 févr. 2009, n° de pourvoi 08-85.067, inédit.

La création des infractions de conséquence a répondu à une volonté et une nécessité d'incriminer les comportements du receleur et du blanchisseur de manière autonome. Conformément à cette volonté, les infractions de conséquence apparaissent comme des infractions distinctes, dotées d'une composante matérielle et morale propre, tout comme d'une répression propre. Outre cette autonomie originelle, l'autonomie de ces infractions se manifeste également dans la mise en œuvre concrète des poursuites. L'exigence de démonstration de l'infraction d'origine apparaît en effet de plus en plus modérée, qu'il s'agisse de la démonstration de l'existence même de l'infraction d'origine que de sa connaissance par l'auteur de l'infraction de conséquence. L'évolution jurisprudentielle témoigne ainsi d'une émancipation de plus en plus importante des délits de conséquence par rapport à l'infraction d'origine. D'un point de vue procédural, l'autonomie se manifeste tant dans la poursuite des infractions de conséquence que dans la compétence des juridictions pour connaître de ces dernières.

Le recel et le blanchiment sont donc des infractions à part entière, qui, comme toutes infractions, sont susceptibles d'entrer en conflit avec d'autres infractions. Si plusieurs hypothèses de conflit de qualifications sont envisageables[199], une seule retiendra véritablement notre attention. Il s'agit du cumul sur la tête d'un même individu de l'infraction de conséquence et de l'infraction d'origine. L'intérêt de l'étude de cette hypothèse, déjà démontrée précédemment, réside dans l'hétérogénéité des solutions retenues au sein des infractions de conséquence. En effet, si la Cour de cassation a admis à plusieurs reprises que l'auto-blanchiment pouvait être répri-

---

[199] Pour des exemples de conflits de qualifications : CAZALBOU (P.), *Etudes de la catégorie des infractions de conséquence : contribution à une théorie des infractions conditionnées*, *op cit.*, §768 : l'auteur s'intéresse aux hypothèses du concours idéal d'infractions de conséquence ou du concours idéal entre l'infraction d'origine et l'infraction de conséquence

mé c'est parce que le blanchiment est « *une infraction générale et autonome [...], distincte, dans ses éléments matériel et intentionnel, du crime ou du délit ayant généré un produit* »[200]. Or, le recel, et nous venons de le démontrer, est également une infraction générale et autonome, dotée d'éléments constitutifs distincts de ceux de l'infraction d'origine. Dès lors, si l'autonomie du blanchiment neutralise l'incompatibilité des qualifications, l'autonomie du recel devrait permettre de retenir "l'auto-recel" (Partie 2).

---

[200] Pour une illustration récente : Cass. Crim., 14 juin 2017, pourvoi n°6-84.921

# 2ème PARTIE

# L'AUTONOMIE DES INFRACTIONS DE CONSEQUENCE PORTEUSE DE CUMUL DE QUALIFICATIONS

L'autonomie des infractions de conséquence étant démontrée, la disparité des solutions retenues concernant le cumul sur la tête d'un même individu de l'infraction de conséquence et de l'infraction d'origine apparaît étonnante. En effet, si l'autonomie du blanchiment justifie l'admission d'un tel cumul, celle du recel devrait alors permettre l'application d'une solution identique. La solution inverse pourrait cependant se justifier par l'existence d'obstacles supplémentaires à l'admission du cumul en matière de recel. En effet, dans notre droit, les hypothèses de cumul de qualifications peuvent se voir limitées tant par la loi que par la jurisprudence. Le rejet du cumul pour le recel se justifierait alors, non pas par la remise en cause de son autonomie, mais par l'application de principes s'opposant strictement à l'admission d'une solution inverse. Cependant, s'il s'avère que l'opposition au cumul de qualifications n'apparaît en réalité pas fondée de manière satisfaisante, son autonomie justifierait alors que l'infraction d'origine et l'infraction de conséquence soient cumulables sur la tête d'un même auteur toutes les fois où l'opposition n'est pas pertinente.

Nous verrons que l'opposition au cumul de qualifications est réfutable (Chapitre 1) et que, dès lors, le cumul de qualifications devrait être admis (Chapitre 2).

# Chapitre 1. L'opposition réfutable au cumul de qualifications

Nombreux sont les auteurs qui s'opposent à l'admission du cumul de l'infraction d'origine et de l'infraction de conséquence sur la tête d'un même individu[201]. Le rejet du cumul par la jurisprudence en matière de recel leur apparaît donc heureux, tandis qu'à l'inverse son admission pour le blanchiment est l'objet de vives critiques. Pourtant, l'étude des arguments invoqués classiquement par la doctrine à l'appui du rejet d'un tel cumul démontre qu'ils ne sont pas tous irréfutables. De même, si en pratique la Cour de cassation semble fonder son opposition sur le principe *non bis in idem*, cette justification n'apparaît pas pleinement satisfaisante.

Nous verrons alors que si l'opposition classique de la doctrine apparaît réfutable (Section 1), l'opposition jurisprudentielle basée sur le principe *non bis in idem* l'est tout autant (Section 2).

## Section 1. Une opposition classique mais réfutable

L'opposition au cumul de qualifications se justifierait, selon les arguments classiquement avancés, d'une part par l'immunité conférée à l'auteur de l'infraction de conséquence par la commission de l'infraction d'origine (§1) et d'autre part par l'interprétation stricte de la loi pénale (§2).

---

[201] Voir en ce sens : CONTE (P.), Blanchiment. Élément matériel de l'infraction, note sous Cass. Crim., 28 octobre 2015, *Dt pénal n°1*, janvier 2016, comm. 3 ; LEPAGE (A.), MATSOPOULOU (H.), *Droit pénal spécial*, *op cit.* §922

## §1. L'opposition par l'immunité conférée par l'infraction d'origine

L'immunité de l'auteur de l'infraction de conséquence se justifierait par l'absorption de criminalité et la liberté de la défense (A). Cependant, cette immunité tacite qu'accorderait la commission de l'infraction d'origine n'apparaît pas convaincante puisqu'elle ne repose sur aucun fondement textuel (B).

### A. L'immunité justifiée par l'absorption de criminalité et la liberté de la défense

L'un des arguments classiquement avancés pour justifier l'interdiction du cumul de l'infraction d'origine et l'infraction de conséquence à l'encontre d'un même individu réside dans l'immunité qu'accorderait l'infraction d'origine à son auteur. L'individu coupable d'avoir commis une infraction trouverait dans celle-ci une sorte de privilège, le droit de ne pas être inquiété à propos d'autres infractions qu'il commettrait ensuite[202]. Pour justifier cette immunité, qui trouverait donc sa source dans la commission même de l'infraction d'origine, deux arguments sont généralement avancés.

L'immunité serait dans certains cas justifiée par l'absorption de la seconde manifestation délictueuse par la première[203]. La seconde infraction entrerait en quelque sorte dans le cadre de l'infraction préalablement commise sans rien ajouter qui puisse accentuer la culpabilité ou la dangerosité de l'auteur. L'infraction de conséquence serait ainsi absorbée par l'infraction d'origine de telle sorte que cette dernière crée au profit de l'auteur, une immunité absolue[204].

---

202 LARGUIER (M.), Immunités et impunités découlant pour l'auteur d'une infraction antérieurement commise par celui-ci, *JCP G* 1961, I, 1601 bis

203 *Ibid.*

204 *Ibid.*

Dans d'autres cas, l'immunité serait justifiée par la liberté de la défense[205]. La commission de l'infraction de conséquence serait rendue nécessaire pour l'auteur de l'infraction d'origine car elle lui permettrait d'assurer sa sécurité en tentant d'échapper aux poursuites pénales découlant de la première infraction. Étant favorable à l'exercice des droits de la défense, le droit pénal devrait ainsi admettre que les nécessités de cette défense puissent justifier l'absence de poursuite à l'encontre de celui qui n'a commis une seconde infraction que pour tenter d'échapper aux poursuites ou à une condamnation dues à une infraction déjà commise. Le receleur dissimulant une chose volée ou le blanchisseur dissimulant le produit d'une infraction ne pourrait alors se le voir reprocher.

La justification de l'immunité conférée à l'auteur de l'infraction d'origine, tant par l'absorption de criminalité que par la liberté de la défense, apparaît cependant discutable car elle n'est fondée sur aucun texte (B).

## B. Une justification sans fondement textuel

Bien que l'idée d'une immunité conférée à l'auteur de la première infraction apparaisse intéressante, elle se confronte à un problème de taille. Celle-ci n'est en effet prévue par aucun texte particulier. Le législateur n'hésite pourtant pas à le spécifier explicitement dans la loi lorsqu'il veut accorder une immunité de fond ou de procédure, comme il l'a fait pour l'immunité familiale en matière de vol par exemple[206]. Cette absence de précision spécifique du législateur nous conforterait plutôt dans la réfutation de cette hypothèse[207].

[205] *Ibid*

[206] Article 311-12 du Code pénal

[207] Voir en ce sens : CAZALBOU (P.), *Etudes de la catégorie des infractions de conséquence : contribution à une théorie des infractions conditionnées*, *op cit.*, §780

De plus, à l'inverse, certains textes prévoient spécifiquement la possibilité de procéder à un cumul de qualifications[208].

L'interdiction du cumul de qualifications basée sur l'immunité tacite conférée à un individu contre une infraction par la commission d'une autre infraction ne semble donc pas convaincante. Cette hypothèse semble en effet davantage mettre en exergue une conception libérale des auteurs (qu'il ne s'agit aucunement de critiquer), plutôt qu'une véritable impossibilité légale.

Un autre argument est régulièrement avancé pour justifier l'impossibilité de procéder au cumul de qualifications. Il trouve son fondement dans la lettre même des textes d'incrimination (§2).

## §2. L'opposition basée sur les textes d'incrimination

Si les textes d'incriminations peuvent à première vue sembler s'opposer au cumul de qualifications (A), ils apparaissent en réalité compatibles avec l'admission d'un tel cumul (B).

### A. Une opposition apparente des textes d'incrimination

Nombreux sont les auteurs qui, au regard de la lettre même de l'article 324-1 du Code pénal, s'opposent à ce que l'auteur de l'infraction d'origine puisse également être l'auteur de l'infraction de blanchiment[209].

Selon le premier alinéa, *« le blanchiment est le fait de faciliter, par tout moyen, la justification mensongère de l'origine des biens ou des revenus de l'auteur d'un crime ou d'un délit ayant procuré à celui-ci un*

---

[208] Sur la possibilité d'un cumul de qualifications à l'encontre de l'auteur du blanchiment et de l'infraction d'origine, voir par exemple : Convention de Strasbourg du 8 novembre 1990

[209] Voir en ce sens : LEPAGE (A.), MATSOPOULOU (H.), *Droit pénal spécial*, *op cit.*, §922

*profit direct ou indirect »*. Une telle formulation semble s'opposer à ce que l'auteur de l'infraction d'origine puisse se voir reprocher le blanchiment subséquent. En effet, le texte distingue clairement l'auteur de la facilitation de la justification mensongère et l'auteur de l'infraction d'origine en évoquant « l'auteur d'un crime ou d'un délit ». Le principe d'interprétation stricte de la loi pénale[210] semble ainsi interdire de condamner pour blanchiment du produit de propre infraction celui qui se serait fourni à lui-même des justificatifs mensongers de l'origine de ses biens[211].

L'application de ce même principe paraît également s'opposer au cumul de qualifications en ce qui concerne le blanchiment de l'alinéa second de l'article 324-1 du Code pénal.

L'article 324-1 alinéa 2 du Code pénal définit le blanchiment comme *« le fait d'apporter un concours à une opération de placement, de dissimulation ou de conversion du produit direct ou indirect d'un crime ou d'un délit. »*. Ce qui est sanctionné ici n'est donc pas le fait de placer, de dissimuler ou de convertir le produit de l'infraction mais le fait d'apporter un concours à une telle opération212. L'expression « apporter un concours » signifie qu'une tierce personne va aider l'auteur de l'infraction d'origine à réaliser une des opérations visées et implique donc que le blanchiment soit réalisé par un tiers213. Il est ainsi régulièrement affirmé par la doctrine qu'une même personne ne saurait être l'auteur de l'infraction d'origine et en même temps celui qui aide à une opération de placement du produit de cette infraction[214].

---

[210] Le principe d'interprétation stricte de la loi pénale est posé par l'article 111-4 du Code pénal

[211] CHILSTEIN (D.), *Retour sur la question de l'auto-blanchiment*, Mélanges en l'honneur du professeur Jacques-Henri Robert, LexisNexis, 2012, p96

[212] LEPAGE (A.), MATSOPOULOU (H.*), Droit pénal spécial, op cit., §922*

[213] OLLARD (R.), ROUSSEAU (F.), *Droit pénal spécial, op cit.,* p499

[214] Voir en ce sens : CONTE (P.), Blanchiment. Élément matériel de l'infraction.,

L'opposition au cumul de qualifications apparaît ainsi ici exclusivement basée sur l'expression « apporter un concours » qui impliquerait forcément une tierce personne. Or, en appréhendant cette expression dans un sens différent, l'opposition n'apparaît plus aussi évidente (B).

## B. Une opposition discutable

L'incrimination du blanchiment (1) comme celle du recel (2) apparaissent compatibles, du moins en partie, avec l'admission du cumul de qualifications.

### 1. La compatibilité de l'incrimination de blanchiment avec le cumul

S'il ne s'agit pas de remettre en question l'incompatibilité de l'alinéa premier de l'article 324-1 du Code pénal avec le cumul de qualifications, l'alinéa second prête à discussion. C'est que celui-ci, contrairement au premier, ne vise pas explicitement une autre personne[215]. L'opposition au cumul de qualifications apparaît en réalité exclusivement basée sur l'expression « apporter un concours » qui impliquerait forcément une tierce personne. Or, si apporter un concours c'est fournir une aide ou une collaboration, le mot concours signifie également « participation à une activité »[216]. Ces deux définitions permettent alors d'aboutir à deux solutions contradictoires concernant le cumul de qualifications : le « concours-collaboration » est incompatible avec le délit d'origine alors le « concours-participation » ne l'est pas nécessairement[217].

---

note sous Cass. Crim., 28 octobre 2015, *Dt pénal n°1*, janvier 2016, comm. 3 ; LEPAGE (A.), MATSOPOULOU (H.), *Droit pénal spécial, op cit.*, §922

[215] LASSERRE CAPDEVILLE (J)., Précisions utiles sur l'autonomie du délit de blanchiment, *AJ Pénal 2010*, §441

[216] BOULOC (B.), De quelques aspects du délit de blanchiment, *RD bancaire et financière*, 2002, §152

[217] CHILSTEIN (D.), Retour sur la question de l'auto-blanchiment, *op cit*, p96

Par ailleurs, le texte ne vise pas le concours apporté à l'auteur d'un crime ou d'un délit, mais celui « à une opération ». Le concours visé peut alors simplement être entendu comme la participation au processus de blanchiment, indépendamment de la participation ou non à l'infraction principale. Le principe d'interprétation stricte de la loi pénale ne s'opposerait ainsi pas à l'admission de l'auto-blanchiment concernant l'alinéa second de l'article 324-1 du Code pénal.

Outre l'incrimination de blanchiment, l'incrimination de recel apparaît également compatible avec l'admission du cumul de qualifications (2).

### 2. La compatibilité de l'incrimination de recel avec le cumul

Si seuls des arguments prônant une incompatibilité des textes d'incrimination du blanchiment et du cumul de qualifications ont été évoqués, c'est que le texte d'incrimination du recel ne prête pas à discussions. Il apparaît en effet compatible avec le cumul de qualifications concernant l'auteur de l'infraction d'origine.

Dans sa première modalité, le recel est défini comme le fait de dissimuler, de détenir, ou de transmettre une chose, ou de faire office d'intermédiaire afin de la transmettre en sachant que cette chose provient d'un crime ou d'un délit. Il n'y a donc aucune condition relative à une altérité d'auteur. La répression serait d'ailleurs même facilitée pour l'auteur de l'infraction d'origine puisque la connaissance de la provenance délictuelle ou criminelle serait évidente. Si le dernier comportement visé pourrait à première vue paraître s'opposer à l'admission du cumul, cela n'est pourtant pas le cas. En effet, si l'intermédiaire est la personne qui met en relation deux individus, qui sont le plus souvent, nous le concédons, l'auteur de l'infraction d'origine et un acquéreur, le texte ne s'oppose pas à ce que cela puisse être l'auteur de l'infraction d'origine. Prenons l'exemple d'un individu qui vole une chose puis la transmet à un second individu. Ce dernier décide alors de se séparer de la chose. Il ne sait cependant pas à qui la vendre et demande au premier de l'aider à trouver un acheteur. En le mettant en relation avec un acquéreur, l'auteur de l'infraction d'origine fait alors office d'intermédiaire afin de transmettre une chose qu'il sait provenir d'un crime ou d'un délit.

La seconde modalité du recel est également compatible avec le cumul de qualifications. Le texte précise simplement que le recel est constitué par « le fait, en connaissance de cause de bénéficier, par tout moyen, du produit d'un crime ou d'un délit ». Le texte ne s'oppose ainsi pas à ce que l'auteur du recel puisse se voir reprocher de bénéficier du produit d'un crime ou d'un délit qu'il aurait lui-même commis.

L'opposition au cumul de qualifications basée tant sur l'immunité conférée à l'auteur par l'infraction d'origine que sur la lettre des textes d'incrimination n'apparaît ainsi pas convaincante. L'opposition fondée sur le principe *non bis in idem,* bien que consacrée par la jurisprudence, apparaît quant à elle tout autant discutable (Section 2).

## Section 2. Une opposition basée en pratique sur le principe *non bis in idem*

Le droit pénal est dominé par une préoccupation majeure : ne pas sanctionner plusieurs fois le même fait, au nom du principe *non bis in idem*[218]. En présence d'un concours d'infractions, c'est à dire lorsque plusieurs qualifications pénales sont susceptibles de s'appliquer aux faits, il est nécessaire de savoir si un conflit les caractérise, autrement dit si une sélection s'impose ou si elles peuvent au contraire être cumulées[219]. Les solutions sont assujetties à deux hypothèses. Soit les qualifications en concours sont entre elles incompatibles, ce qui a pour effet de les rendre exclusives les unes des autres. Soit elles se situent dans un rapport de compatibilité, avec pour conséquence de les rendre accessibles à un tel cumul.

Si l'impossibilité de poursuivre pour recel l'auteur de l'infraction d'origine est justifiée traditionnellement par l'incompatibilité des qualifications, cette justification nous paraît inexacte (§1). Dès lors, la résolution du concours de qualification pourrait être envisagée selon les règles classiques du cumul d'infractions (§2).

### §1. Une justification erronée de l'opposition par la théorie des qualifications incompatibles

La disparité des solutions retenues, le rejet du cumul de qualifications en matière de recel et son admission pour le blanchiment, se justifieraient par l'application de la théorie des qualifications incompatibles (A). Pourtant, cette justification n'emporte pas notre conviction puisque si le blanchiment est compatible avec l'infraction d'origine, le recel l'est également en partie (B).

---

[218] MAYAUD (Y.), *Droit pénal général*, Presse universitaire de France, 5è édition, 2015, §143

[219] *Ibid.*

### A. La justification de l'opposition par la théorie des qualifications incompatibles

Deux qualifications sont incompatibles lorsqu'une « infraction objectivement imputable à un délinquant est la conséquence logique et en quelque sorte naturelle d'une première infraction avec laquelle elle se confond intimement, au point que l'on hésite à la retenir dans la poursuite »[220]. L'incompatibilité des qualifications se justifie donc par le fait que les comportements soient reliés logiquement les uns aux autres[221]. Lorsque la réalisation de l'infraction d'origine implique immédiatement et nécessairement la réalisation de l'infraction de conséquence, le cumul doit alors être rejeté.

La jurisprudence considère depuis longtemps que les qualifications de voleur et de receleur sont incompatibles[222], au point que le rejet du cumul dans ce cas a pu être qualifié de « *dogme* »[223]. Une telle incompatibilité a également pu être affirmée à propos de l'abus de confiance et du recel[224] ou de la prise illégale d'intérêt[225]. Plus généralement, il est considéré qu'il est impossible de cumuler sur une même chose les qualités d'auteur de l'infraction d'origine, quelle qu'elle soit, et de receleur[226]. Lorsque les deux qualifications sont envisageables, la Cour de cassation impose que l'individu ne soit poursuivi que sur le fondement de l'appropriation frauduleuse[227]. La qualification de recel ne peut donc être choisie, même pour pallier l'impossibilité de réprimer l'infraction d'origine (en cas de prescription par exemple).

---

220 MERLE (R.), VITU (A.), *Traité de droit criminel*, tome 1, Droit pénal général, Cujas, 7è édition., 1997, p. 513

221 PRADEL (J.), *Droit pénal général*, Cujas, 21è édition, 2016, §334

222 Cass. Crim., 15 décembre 1949, Bull crim n° 350

223 DETRAZ (S.), Recel de fichiers clients d'une entreprise, note sous Cass. Crim., 20 oct. 2010, pourvoi n° 09-88.387, inédit, *JCP 2010*, §1273

224 Cass. Crim., 2 décembre 1971, Bull crim n°337

225 Cass. Crim., 12 novembre 2015 pourvoi n°14-83.073

226 MALABAT (V)., *Droit pénal spécial*, Dalloz 7è édition, 2015, §859

227 Cass. Crim., 12 novembre 2015, pourvoi n°14-83.073

A l'inverse, par une décision du 14 janvier 2004, la Cour de cassation a admis que l'article 324-1 alinéa 2 du Code pénal « *est applicable à l'auteur du blanchiment du produit qu'il a lui-même commis* »[228]. Il est à noter que la Cour de cassation a limité cette solution à l'alinéa 2 du texte dans l'arrêt de 2004, ce qui apparaît heureux dans la mesure où la rédaction de l'alinéa 1 distingue l'auteur de l'infraction d'origine et l'auteur du blanchiment. Cette solution a cependant pu par la suite paraître étendue à l'ensemble de l'incrimination [229] bien que sur cette question le doute soit permis[230].

La disparité des solutions se justifie ainsi par le degré de proximité entre l'infraction d'origine et l'infraction de conséquence[231]. Parce que le recel est une suite « naturelle » de la première infraction, le cumul doit être rejeté. A l'inverse, en tant que suite « contingente » de la première infraction, la poursuite pour blanchiment de l'auteur de l'infraction d'origine est envisageable[232]. En effet, alors que la détention est immédiatement impliquée par l'acte d'appropriation frauduleuse, le blanchiment des sommes soustraites ou détournées suppose qu'une activité spécifique, supplémentaire, soit réalisée.

Bien que la justification de l'opposition au cumul de qualifications par la théorie des qualifications incompatibles

---

[228] Cass. Crim., 14 janvier 2004, pourvoi n° 03-81.165, Bull crim n°12

[229] Cass. Crim., 20 février 2008, pourvoi n° 07-82.977

[230] Des auteurs ont considéré que la répression de l'auto-blanchiment pouvait s'appliquer à l'alinéa 1 car dans sa solution la Cour de cassation vise de manière générale l'article 324-1 du Code pénal sans préciser « alinéa 2 » (voir en ce sens : Malabat V., Droit pénal spécial, Dalloz 7è édition, 2015, §870). Cependant, même lorsque l'alinéa 2 n'est pas visé spécifiquement, la Cour de cassation précise que les dispositions sont applicables à « *celui qui blanchit le produit d'une infraction qu'il a commise lorsqu'il commet des agissements spécifiques de placement, dissimulation ou conversion de ce produit* » (Voir en ce sens : Crim 14 juin 2017, pourvoi n°16-84921). Or, l'incrimination de ces agissements est uniquement prévue par l'alinéa 2.

[231] MAYAUD (Y.), *Droit pénal général, op cit.*,§147

[232] CHILSTEIN (D.), *Retour sur la question de l'auto-blanchiment, op cit.*, p96

ait la faveur de nombreux auteurs[233], elle n'emporte pas notre conviction (B).

## B. La justification discutable de l'opposition par la théorie des qualifications incompatibles

La distinction entre « suites contingentes » et « suites naturelles » pourrait apparaître satisfaisante si le recel n'incriminait que la simple détention de la chose issue d'un crime ou d'un délit, ou le simple fait de bénéficier du produit de cette infraction. Il apparaît en effet indéniable que la détention est immédiatement induite par l'appropriation frauduleuse. De même, le bénéfice retiré par l'auteur d'un crime ou d'un délit semble pouvoir être considéré comme une suite naturelle de celui-ci puisqu'il ne suppose pas qu'un acte différent de l'appropriation frauduleuse soit réalisé. L'exemple du recel-d'usage[234] est ici édifiant : un individu, pour voler une voiture, est obligé d'y prendre place. Or, le simple fait de se déplacer grâce à un véhicule volé est constitutif, en plus d'un recel-détention, d'un recel-profit[235]. Le recel est donc ici immédiatement impliqué par le vol. Seulement, comme il a pu l'être démontré précédemment, constitue également un recel le fait de dissimuler, de transmettre une chose ou de faire office d'intermédiaire afin de la transmettre. Or, ces comportements n'apparaissent en aucun cas comme des suites nécessaires de l'infraction d'origine mais plutôt comme des suites contingentes, à l'image des

[233] En ce sens : MALABAT (V.), *Droit pénal spécial*, *op cit.*, §859 « *le recel et l'infraction d'origine sont en effet des qualifications incompatibles qui ne sauraient recevoir application simultanée pour les mêmes faits à l'encontre de la même personne. La solution contraire reviendrait à punir deux fois la même personne pour les mêmes faits* » ; OLLARD (V.), ROUSSEAU (V.), *Droit pénal spécial*, *op cit.*, p489 : « *le voleur ne peut être receleur de la chose qu'il a soustraite car la commission du vol implique nécessairement la commission du recel, de sorte que ces deux qualifications sont jugées incompatibles : admettre la solution contraire reviendrait à punir deux fois le même fait, en violation de la règle non bis in idem* »

[234] CONTE (P.), *Droit pénal spécial*, LexisNexis, 4è édition, 2013, §637

[235] Cass. Crim., 9 juillet 1970, pourvoi n° 69-92.244

actes incriminés par le blanchiment[236]. En effet, le vol d'une chose n'implique ni que l'auteur transmettre cette chose ni qu'il la dissimule. Au contraire, la dissimulation ou la transmission d'une chose implique que l'auteur réalise une activité supplémentaire, distincte de l'acte d'appropriation[237]. Par exemple, la location d'un hangar afin de dissimuler un véhicule volé constitue bien une activité distincte de celle déployée pour le soustraire à son propriétaire. De même, la transmission d'une chose volée contre une somme d'argent n'est en rien impliquée par l'infraction d'origine.

La qualification de recel, dans ses modalités transmission et dissimulation, et d'appropriation frauduleuse n'apparaissent donc pas à nos yeux incompatibles. Dès lors, puisque les infractions ne sont plus dans un rapport d'exclusion, elles sont ouvertes à un possible cumul (§2).

## §2. La résolution du cumul dans le respect du principe non bis in idem

Lorsque deux qualifications sont ouvertes à un cumul, deux hypothèses de concours peuvent être distinguées : le concours idéal d'infractions et le concours réel d'infractions. Si, au regard des décisions retenues par la Cour de cassation, le recel et l'appropriation frauduleuse pourraient sembler exclusivement relever de la première hypothèse, ce n'est pas le cas (A). En effet, comme pour le blanchiment, les règles de résolution du concours réel devraient être appliquées (B).

---

[236] CAZALBOU (P.), *Etudes de la catégorie des infractions de conséquence : contribution à une théorie des infractions conditionnées*, Bibliothèque de sciences criminelles Tome 63, LGDJ, 2016, §786

[237] Voir en ce sens : DREYER (E.), *Droit pénal spécial*, Ellipses 3è édition, 2016, §1234 : l'auteur affirme comme nous que le maintien de l'incompatibilité des qualifications n'est guère convaincant lorsque deux comportements peuvent être nettement distingués. Il propose donc de maintenir la solution pour le recel-détention et le recel-profit mais de l'abandonné pour le recel-dissimulation et le recel-transmission

## A. La résolution incomplète du concours par les règles du cumul idéal d'infractions

Le concours idéal d'infractions est relatif à un fait unique, isolément considéré dans sa matérialité mais pour lequel plusieurs textes d'incriminations sont applicables, le comportement poursuivi étant à même de caractériser plusieurs infractions à la fois[238]. Il est affirmé de longue date qu'un fait unique ne peut donner lieu à plusieurs sanctions pénales [239] à moins que l'auteur n'ait porté intentionnellement atteinte à des valeurs sociales différentes, protégées par des textes répressifs différents[240]. Autrement dit, lorsqu'un fait unique est susceptible de recevoir plusieurs qualifications pénales, le principe *non bis in idem* impose de n'en retenir qu'une seule[241]. A la lecture des décisions rendues par la Cour de cassation, il apparaît que le cumul des qualifications de recel et d'appropriation frauduleuse, dans l'hypothèse où on les considère compatibles, semble devoir être résolu selon les règles du concours idéal d'infractions. En effet, les juges ne cessent d'affirmer l'unicité matérielle des faits susceptibles d'une double qualification pour justifier le rejet du cumul. Ainsi, il est énoncé qu'« *un même fait ne peut donner lieu à une double déclaration de culpabilité* » [242] ou « *à une double inculpation* »[243].

De nouveau, cette affirmation nous paraît contestable puisqu'elle est assise sur le seul cas du recel détention. Certes, reprocher la soustraction d'une chose et sa détention au même auteur reviendrait alors à lui reprocher deux fois le

---

[238] MAYAUD (Y.), *Droit pénal général*, Presse universitaire de France, 5è édition, 2015, §155

[239] Cass. Crim., 16 mai 1984, Bull crim n°182

[240] Cass. Crim., 3 janvier 1960, Bull crim n°178

[241] CLEMENT (E.), Concours et cumul des infractions contre les biens, *AJ Pénal*, 16 mai 2017, p219

[242] Cass. Crim., 15 décembre 1949, Bull crim n° 350

[243] Cass. Crim., 2 décembre 1971, Bull crim n°337

même fait. Néanmoins, il apparaît critiquable de généraliser cette solution à l'ensemble des comportements incriminés par l'infraction de recel. Dans de nombreuses hypothèses, il n'existe aucune identité matérielle entre les faits constitutifs de l'appropriation frauduleuse et les faits constitutifs du recel. En effet, l'acte de soustraction d'une chose n'est en rien identique à un acte de dissimulation ou de transmission à un tiers. Il apparaît donc que les infractions d'appropriation frauduleuse et les infractions de conséquence visent des comportements dont les éléments constitutifs, pour la plupart, ne se confondent pas, et ne se réalisent de plus ni au même moment ni au même endroit[244]. Dès lors, les règles propres au concours réel d'infractions devraient être envisagées pour résoudre ce cumul de qualifications (B).

## B. La résolution du cumul par les règles du concours réel d'infractions

L'article 132-2 du Code pénal définit le concours réel d'infractions en ces termes, bien que ne le qualifiant pas comme tel : « Il y a concours d'infractions lorsqu'une infraction est commise par une personne avant que celle-ci ait été définitivement condamnée pour une autre infraction. » Le concours réel est donc caractérisé par une pluralité de faits, chacun constitutif d'une infraction différente, simultanément ou successivement commis sans que la justice ne soit intervenue par une condamnation définitive entre eux[245]. Il se résout par autant de responsabilités qu'il y a d'infractions réalisées. Ce cumul s'opère dans le respect du principe non bis in idem puisque l'auteur n'est pas poursuivi plusieurs fois

---

[244] CAZALBOU (P.), *Etudes de la catégorie des infractions de conséquence : contribution à une théorie des infractions conditionnées*, *op cit.*, §782

[245] MAYAUD (Y.)., *Droit pénal général*, Presse universitaire de France, 5è édition, 2015, §150

pour le même fait, mais autant de fois qu'il y a de faits délictueux distincts à sa charge[246].

Si la Cour de cassation a admis que l'article 324-1 alinéa 2 du Code pénal est applicable à l'auteur du blanchiment du produit issu de l'infraction qu'il a lui-même commise dans un arrêt du 14 janvier 2004[247], c'est qu'en l'espèce les juges ont considéré qu'il était possible d'identifier deux faits matériels distincts pouvant donner lieu à deux qualifications (des faits constitutifs de l'infraction d'origine : travail clandestin et fraude fiscale ; et des faits constitutifs du blanchiment : opération de conversion du produit de ces infractions)[248]. L'admission d'un tel cumul correspond donc simplement à la résolution classique d'un concours réel d'infractions. Or, il ressort de notre démonstration précédente que l'acte d'appropriation frauduleuse et l'acte constitutif du recel-transmission ou du recel-dissimulation sont des faits distincts. Dès lors, nous devrions conclure à la présence d'un concours réel d'infractions dont la résolution devrait permettre le cumul.

L'étude des différents arguments avancés pour justifier le rejet du cumul de qualifications sur la personne de l'auteur de l'infraction d'origine ne démontre qu'aucun d'entre eux n'apparaît totalement satisfaisant. En pratique, le rejet du cumul de qualifications pour le recel, et à l'inverse son admission pour le blanchiment, tiendrait à la distinction entre « suites naturelles » et « suites contingentes » de l'infraction d'origine et l'incompatibilité qui en découle dans la première hypothèse. Or, si ce critère peut apparaître pertinent pour justifier l'incompatibilité de la qualification de recel, dans ses modalités détention et profit, avec l'infraction d'origine, il ne l'est pas en ce qui concerne les autres formes de recel. Pour ces dernières, la résolution du cumul semble devoir interve-

---

246 *Ibid.*

247 Cass. Crim., 14 janvier 2004, pourvoi n° 03-81.165, Bull crim n°12

248 OLLARD (R.), ROUSSEAU (F.), *Droit pénal spécial, op cit.*, p499

nir, comme en matière de blanchiment, selon les règles propres au concours réel d'infractions. Cependant, notre raisonnement se fonde ici exclusivement sur la question de l'unicité matérielle des faits, critère qui était jusqu'alors déterminant pour conclure à l'existence ou non d'un concours réel d'infractions. Or, deux décisions récentes de la Cour de cassation, rendues en matière de blanchiment, pourraient à première vue sembler le fissurer en rejetant l'application des règles du concours réel d'infractions dans l'hypothèse d'un cumul de qualifications sur la personne de l'auteur de l'infraction d'origine[249]. En effet, les juges y affirment, au visa du principe *non bis in idem*, que « *des faits qui procèdent de manière indissociable d'une action unique caractérisée par une seule intention coupable ne peuvent donner lieu, contre le même prévenu, à deux déclarations de culpabilité de nature pénale, fussent-elles concomitantes* ». L'existence de faits distincts correspondant à des qualifications distinctes n'apparaît dès lors plus suffisante pour permettre de procéder à un cumul de qualifications. Pour qu'un tel cumul soit possible, les faits doivent procéder d'actions distinctes caractérisées par une pluralité d'intentions.

Cependant, loin de s'opposer à notre démonstration précédente, cette évolution récente invite plutôt à admettre le cumul de qualification toutes les fois où les conditions du principe *non bis in idem* ne sont pas remplies[250] (Chapitre 2).

---

[249] Cass. Crim., 26 octobre 2016, pourvoi n° 15-84.552 ; Cass. Crim., 7 décembre 2016, pourvoi n° 15-87.335

[250] Nous rejoignons ici le Professeur Philippe Conte, qui, dans son commentaire de l'arrêt rendu par la Chambre criminelle de la Cour de cassation le 26 octobre 2016 affirmait qu'il "*est vraisemblable qu'à terme, l'auto-recel deviendra à son tour punissable si les conditions du principe non bis in idem, telles que posées par le présent arrêt, ne sont pas remplies*" (CONTE (P.), Les limites de la répression de l'auto-blanchiment, *Droit pénal n° 1*, Janvier 2017, comm. 1)

# Chapitre 2. L'admission du cumul de qualifications

L'application nouvelle du principe *non bis in idem* conduit à considérer les faits sur le modèle du concours idéal d'infractions lorsqu'ils s'apparentent à une action unique caractérisée par une intention unique, alors qu'à l'inverse, en présence de faits relevant d'actions et d'intentions distinctes, les règles du concours réel d'infractions retrouveraient leur empire. Dès lors, l'autonomie des infractions de conséquence justifierait l'admission du cumul des qualifications sur la tête de l'auteur de l'infraction d'origine à l'exception des cas où le principe *non bis in idem* l'interdit. Cette admission permettrait de plus d'uniformiser les régimes juridiques du blanchiment et du recel et de mettre fin à certaines incohérences dans la répression de ces infractions.

Ainsi, le cumul de qualifications pourrait être admis toutes les fois où les conditions du principe *non bis in idem* ne sont pas remplies (Section 1). Cette admission présenterait de plus des avantages certains (Section 2).

## Section 1. Un cumul compatible avec le principe *non bis in idem*

A travers ces arrêts du 26 octobre et du 7 décembre 2016, la Cour de cassation a consacré une application nouvelle du principe *non bis in idem* (§1) qui s'avère compatible avec l'admission du cumul de qualifications (§2).

## §1. Une application nouvelle du principe non bis in idem

Le principe *non bis in idem* s'oppose au cumul de qualifications en cas d'unité d'action et d'intention (A) mais l'autorise en présence d'une pluralité d'actions et d'intentions (B).

### A. L'absence de cumul en cas d'unité d'action et d'intention

Interrogés sur la possibilité de cumuler les qualifications de recel et de blanchiment sur une même personne, les juges de la Chambre criminelle de la Cour de cassation se sont prononcés au visa du principe *non bis in idem* dans une décision du 26 octobre 2016[251]. Il est à noter que les juges n'ont guère l'habitude d'y recourir aussi directement[252], préférant se retrancher derrière la règle du concours idéal de qualifications exposée précédemment. Cependant, la difficulté en espèce ne relevait pas de la théorie du concours idéal d'infractions puisqu'il était reproché deux faits distincts au prévenu : celui d'avoir détenu sur son compte bancaire des sommes issues d'une escroquerie et celui, différent, d'avoir ultérieurement investi ces mêmes sommes[253]. La situation était donc celle d'un concours réel d'infractions. Ordinairement, la résolution d'un tel concours se solde par autant de déclarations de culpabilité qu'il y a d'infractions commises. Or, les juges refusent ici le cumul des qualifications car "*les faits procèdent de manière indissociable d'une action unique caractérisée par une seule intention coupable*". Ainsi, alors même que les faits

---

[251] Cass. Crim., 26 octobre 2016, pourvoi n°15-84.552

[252] La Cour de cassation avait déjà affirmée, au visa du principe *non bis in idem* qu'« *un même fait ne peut entraîner une double déclaration de culpabilité ni être retenu comme élément constitutif d'un crime et comme circonstance aggravante d'une autre infraction* » (Crim. 6 janv. 1999, n° 98-80.730) mais, mis à part cet exemple, aucune autre décision récente de la chambre criminelle n'a été rendue au visa de ce principe

[253] CONTE (P.), *Les limites de la répression de l'auto-blanchiment,* Droit pénal n° 1, Janvier 2017, comm. 1

imputés au prévenu sont différents, ils sont considérés sur le modèle du concours idéal de qualifications[254]. Si le principe *non bis in idem* imposait de ne retenir qu'une seule qualification pénale lorsqu'un fait unique était susceptible de plusieurs qualifications, une solution identique est désormais de mise lorsque des faits distincts sont susceptibles de plusieurs qualifications pénales mais qu'ils procèdent de manière indissociable d'une action unique caractérisée par une seule intention coupable. Cette application nouvelle de *non bis in idem* justifiait dès lors que la solution retenue soit prononcée au visa de ce principe.

Le rejet du cumul de qualifications par l'application nouvelle du principe *non bis in idem* ne se limite pas au seul concours entre les infractions de recel et de blanchiment. Une solution identique a été rendue par la Cour de cassation concernant le cumul des qualifications de blanchiment et d'abus de biens sociaux[255]. Les juges, recourant au même attendu de principe, considèrent que « *sans retenir des faits constitutifs de blanchiment distincts des versements pour lesquels elle a déclaré le prévenu coupable d'abus de biens sociaux* », la Cour d'appel a méconnu le principe *non bis in idem*. Si l'on pouvait croire que cette solution resterait limitée au seul cas où l'infraction de blanchiment est en concours, une décision très récente est venue confirmer qu'elle s'applique dans toutes les hypothèses de cumul, quelles que soient les infractions[256].

---

[254] *Ibid.*

[255] Cass. Crim., 7 décembre 2016, pourvoi n°15-87.335

[256] Cass. Crim., 24 janvier 2018, n° de pourvoi 17-80.940, inédit ; Les juges y affirment que : "*Les faits qui procèdent de manière indissociable d'une action unique caractérisée par une seule intention coupable ne peuvent donner lieu, contre le prévenu, à deux déclarations de culpabilité de nature pénale, fussent-elles concomitantes. Méconnaît ce principe la cour d'appel qui, pour déclarer un prévenu coupable de violences, énonce que ces faits ont pour éléments matériels les infractions de faux et usage, dénonciation mensongère, menaces de mort et appels téléphoniques malveillants, alors qu'il résulte de ses propres constatations que l'infraction de violences et les autres infractions retenues à son encontre relevaient de la même intention coupable*".

Cependant, et à l'évidence, cette nouvelle application du principe *non bis in idem* n'a pas pour conséquence de s'opposer de manière générale au cumul de qualifications. En effet, si des faits qui procèdent d'une action unique caractérisée par une intention coupable ne peuvent donner lieu à un cumul de qualifications, à l'inverse, des faits qui procèdent d'action multiple caractérisée par une pluralité d'intentions permettent de retenir un tel cumul (B).

## B. L'admission du cumul en cas de pluralité d'actions et d'intentions

Le rejet du cumul des qualifications de recel et de blanchiment, dans la décision du 26 octobre 2016[257], se justifiait en l'espèce par l'existence "*d'une seule intention coupable*". En effet, si le versement effectué sur le compte du prévenu et l'achat réalisé par ses soins pouvaient constituer des actions distinctes, les juges ont considéré « *le versement effectué sur le compte du prévenu ne constituait (...) qu'une opération préalable nécessaire à l'achat du bien réalisé par ses soins et pour lequel il a été déclaré coupable de blanchiment* ». Le prévenu, du moins c'est ce que retient la Cour de cassation, au moment où les sommes escroquées par sa compagne ont figuré sur son compte bancaire, avait déjà l'intention de les réinvestir[258]. Dès lors, ce n'est pas une impossibilité générale de cumuler les infractions de recel et de blanchiment qui est posée, mais bien une impossibilité propre à l'espèce. En l'absence d'unité d'action et d'intention, les règles du concours réel s'appliqueraient et le recel préalable à un blanchiment serait punissable. De même, si les juges ont rejeté les qualifications d'abus de biens sociaux et de blanchiment[259], c'est qu'ils retiennent que l'existence d'actions distinctes n'est pas démontrée puisque les faits constitutifs du blanchiment se confondent avec les ver-

[257] Cass. Crim.,26 octobre 2016, pourvoi n° 15-84.552

[258] CONTE (P.), Les limites de la répression de l'auto-blanchiment, *Droit pénal n° 1*, Janvier 2017, comm. 1

[259] Cass. Crim., 7 décembre 2016, pourvoi n°15-87.335

sements pour lesquels le prévenu a été déclaré coupable d'abus de biens sociaux. De nouveau la solution se justifie au regard des faits de l'espèce, et elle ne doit pas être considérée comme interdisant de manière générale de cumuler les qualifications de blanchiment et d'abus de biens sociaux. En effet, la possibilité d'imputer l'infraction de blanchiment à celui qui blanchit le produit d'une infraction qu'il a lui-même commise reste le principe. Il a d'ailleurs été réaffirmé dans un arrêt du 14 juin 2017[260]. En effet, les juges confirment la condamnation du prévenu pour abus de confiance aggravé et blanchiment, « *ceux-ci ne procédant pas, en l'espèce, de manière indissociable d'une action unique caractérisée par une seule intention coupable* ». Il est considéré en l'espèce que le prévenu est l'auteur d'un abus de confiance et que la multiplication des comptes bancaires, appartenant tant à la victime qu'à lui-même, « *ne s'explique que par la volonté de l'auteur de dissimuler les abus de confiance [...] si bien que le délit de blanchiment est également établi à son égard* ». La dissimulation des sommes issues de l'abus de confiance constitue donc une action distincte de celle consistant en détournement des fonds[261], action caractérisée par une intention distincte consistant en la volonté de dissimuler.

Ainsi, lorsque le principe *non bis in idem* n'impose pas de retenir une seule qualification, c'est-à-dire en l'absence d'unité d'action et d'intention, les règles du concours réel recouvrent leur empire. Dès lors, en présence d'une pluralité d'actions et d'intentions, les qualifications de recel et d'appropriation frauduleuse apparaissent cumulables (§2).

---

[260] Cass. Crim., 14 juin 2017, pourvoi n°6-84.921

[261] Voir article 314-1 du Code pénal pour les éléments constitutifs de délit d'abus de confiance

## §2. Une application compatible avec le cumul des qualifications de recel et d'appropriation frauduleuse

Le recours à l'incompatibilité des qualifications pour justifier l'opposition au recel n'apparaît plus utile puisque le recours au principe *non bis in idem* suffit. Il apparaît en effet difficile de distinguer une pluralité d'actions caractérisées par différentes intentions entre l'appropriation frauduleuse et le recel dans ses modalités détention et profit (A). Cependant, pour ce qui est du recel-dissimulation et du recel-transmission, une telle distinction semble possible, de sorte que le cumul de qualifications est envisageable (B).

### A. L'absence du cumul pour le recel-détention et le recel-profit

L'application du principe *non bis in idem* semble s'opposer à ce que la détention d'une chose puisse être reprochée à l'auteur de l'appropriation frauduleuse. Si, même avant les arrêts de 2016, un tel cumul nous paraissait également devoir être écarté en raison de l'incompatibilité des qualifications, un auteur avait pu affirmer que l'application du principe *non bis in idem* ne s'y opposait pas[262]. Il soutenait en effet que la concomitance de la soustraction constitutive du vol et de la détention ne durant que le temps de la soustraction, seul l'élément matériel du recel, la détention, subsiste lorsque cesse cette soustraction. Selon lui il n'y aurait eu alors violation de la règle *non bis in idem* qu'à la condition de condamner l'individu pour les deux qualifications pour la période de temps où il y a concomitance. Cette démonstration ne résiste cependant pas à l'application nouvelle du principe *non bis in idem*. En effet, même à considérer que la soustraction d'une chose et sa détention soient des faits différents, ils semblent s'inscrire au sein d'une action unique. De plus, à supposer

---

[262] CAZALBOU (P.), *Etudes de la catégorie des infractions de conséquence : contribution à une théorie des infractions conditionnées*, *op cit.*, §783

qu'ils forment deux actions distinctes, il y a fort à parier que les juges concluraient à l'existence d'une intention unique, la volonté de s'approprier une chose impliquant forcément la volonté de la détenir, au moins pour un court instant.

Le cumul des qualifications de recel-profit et d'appropriation frauduleuse semble également devoir être écarté. De nouveau, l'exigence d'une pluralité d'actions caractérisées par une pluralité d'intentions ne paraît pas conciliable avec un tel cumul. Le Professeur Dreyer semble aller dans notre sens en affirmant que le rejet du cumul des qualifications de receleur et de voleur « *n'est guère convaincant lorsque deux comportements peuvent être nettement distingués* » et que « *la solution devrait [donc] être réservée aux recel-détention et recel-profit mais abandonnée pour le recel-dissimulation et recel-transmission* »[263]. Si distinguer nettement des comportements relatifs à l'appropriation frauduleuse et au bénéfice tiré du produit qui en résulte apparaissait déjà difficile auparavant, il est peu dire que cette distinction n'a pas été facilitée par la condition de la caractérisation d'actions distinctes posée par les arrêts de 2016 (une action distincte pouvant en effet englober plusieurs comportements). De même, il apparaît mal aisé d'y distinguer plusieurs intentions.

Si nous émettons donc un doute sur la possibilité de distinguer une pluralité d'actions caractérisées par différentes intentions entre l'appropriation frauduleuse et le recel dans ses modalités détention et profit, une telle distinction nous apparaît envisageable pour ce qui est du recel-dissimulation et du recel-transmission (B).

---

263 DREYER (E.), *Droit pénal spécial*, Ellipses 3è édition, 2016, §1234

## B. L'admission du cumul pour le recel-dissimulation et le recel-transmission

Le recel-dissimulation permet de sanctionner celui qui cache une chose provenant de l'infraction d'origine. Or, si nous avons pu déjà affirmer que le fait de soustraire ou détourner une chose n'est en rien identique avec le fait de la dissimuler, il semble également possible d'affirmer que dans de nombreux cas ces différents faits peuvent être considérés comme des actions distinctes. Par exemple, le fait de louer un hangar et d'y entreposer des voitures volées constitue une action distincte de l'action consistant à soustraire ces véhicules. De même que l'agent déploierait ici deux intentions distinctes, la première consistant en la volonté de s'approprier les véhicules, la seconde en la volonté de les dissimuler. La décision rendue par la Cour de cassation le 14 juin 2017[264] conforte notre position. Si l'imputation de l'infraction de blanchiment à l'auteur de l'infraction d'origine se justifie par le fait que « *la multiplication de compte bancaire ne s'explique que par la volonté de l'auteur de dissimuler les abus de confiance* », pourquoi ne pourrait-on pas imputer le recel à l'auteur de l'infraction d'origine pour des actes qui ne s'expliquent que par sa volonté de dissimuler les infractions qu'il a préalablement commises ?

Un raisonnement analogue nous amène à considérer que le recel-transmission pourrait également être reproché à l'auteur de l'infraction d'origine. En effet, si des actes tendant à la dissimulation d'une chose peuvent être considérés comme une action distincte, caractérisée par une intention différente, de l'appropriation frauduleuse, la transmission par l'auteur de la chose soustraite ou détournée à un tiers semble *a fortiori* pouvoir suivre la même logique. Prenons l'exemple (certes peu commun mais illustrant parfaitement notre propos) d'un voleur d'œuvres d'art. L'individu va soustraire une

---

[264] Cass. Crim.,14 juin 2017, pourvoi n°6-84.921

peinture afin de l'afficher chez lui. Ces actes procèdent alors d'une action unique, englobant la soustraction et la détention de la chose, caractérisée par une intention unique : la volonté de s'approprier le tableau. Cependant, si l'individu, lassé de l'œuvre, transmet par la suite la chose à un tiers, il réalise alors une action distincte caractérisée par une intention nouvelle.

Il convient de noter qu'admettre que la dissimulation et la transmission sont caractérisées par une intention différente de celle qui caractérise l'infraction d'origine revient à confirmer, comme le soulignent certains auteurs, que les infractions de conséquence relèvent davantage d'une entrave à la saisine de la justice que d'une atteinte au droit de propriété[265]. En effet, si la dissimulation et la transmission ne portent pas une atteinte supplémentaire au droit patrimonial de la victime de l'infraction d'origine, ces actes font obstacle à l'action de la justice.

Le cumul des qualifications de recel et d'appropriation frauduleuse sur la tête de l'auteur de l'infraction d'origine apparaît ainsi compatible avec le principe *non bis in idem* nouvellement appliqué. Son admission apparaît ainsi envisageable, d'autant plus qu'elle présenterait des avantages certains (Section 2).

---

[265] Pour une telle distinction : OLLARD (R.), ROUSSEAU (F.), *Droit pénal spécial*, *op cit.*, p488

## Section 2. Un cumul de qualifications avantageux

L'admission du cumul de qualifications présente des avantages certains tant d'un point de vue pédagogique que pratique. En effet, elle mettrait fin d'une part à certaines incohérences dans la répression des infractions de conséquence (§1) et d'autre part aux disparités existantes au sein de la catégorie (§2).

### §1. La fin de certaines incohérences dans la répression des infractions de conséquence

Deux incohérences principales, bien que justifiées juridiquement, découlent de l'impossibilité de cumuler les qualifications. D'une part, la qualité d'auteur de l'infraction d'origine apparaît comme un obstacle aux poursuites lorsque celle-ci est prescrite (A), et d'autre part le complice est susceptible d'être condamné plus lourdement que l'auteur principal puisque le cumul de qualifications est admis à son encontre (B).

#### A. La qualité d'auteur de l'infraction d'origine comme obstacle aux poursuites en cas de prescription

Généralement, la prescription de l'infraction d'origine intervient antérieurement à celle du recel. En effet, ce dernier en tant que délit continu, peut voir le commencement de son délai de prescription retardé. Si la jurisprudence considère classiquement que le recel de chose est punissable en dépit de la prescription de l'infraction d'origine[266], une telle solution doit être écartée lorsque celui à qui l'on reproche le recel est l'auteur de cette dernière. La Cour de cassation affirme en effet que *« le délit de recel ne peut être reproché à la personne qui aurait commis l'infraction principale, celle-ci fut-elle pres-*

---

[266] Cass. Crim., 16 juillet 1964, pourvoi n° 63-91.919, Bull crim n° 241

*crite »*[267]. Si cette solution a pu être plébiscitée par certains auteurs[268], elle apparaît à nos yeux critiquable à deux égards.

Tout d'abord, il apparaît que la qualité d'auteur de l'infraction d'origine devient ainsi protectrice puisqu'elle fait obstacle à la mise en œuvre des poursuites. Dès lors, l'agent à qui l'on reproche un recel de chose a tout intérêt à se faire passer pour l'auteur de l'infraction d'origine lorsqu'il sait que celle-ci est prescrite. Avouer être l'auteur d'un vol interviendrait alors comme un moyen de défense puisqu'aucune condamnation ne pourrait alors être prononcée du fait de la prescription du délit. Paradoxalement, le procès prendrait alors une tournure pour le moins originale : le prévenu voulant à tout prix démontrer qu'il est l'auteur de l'infraction principale et les juges se démenant pour démontrer son innocence afin de pouvoir lui reprocher un recel. L'on entrevoit alors le stratagème, tout autant critiquable, que pourraient utiliser les juges pour écarter cette impunité.

Afin de poursuivre un individu, les juges pourraient décider de ne pas faire explicitement état des éléments de nature à faire présumer qu'il est l'auteur de l'infraction d'origine, et se borner donc à évoquer ceux qui établissent le recel[269]. En effet, dans un grand nombre de cas, la qualification de recel est utilisée lorsqu'on trouve une personne en possession d'un objet volé mais que les services répressifs sont, ou se disent, dans l'incapacité d'apporter des preuves suffisantes que cette personne a elle-même commis le vol, malgré les suspicions qui peuvent peser à son encontre[270].

---

267 Cass. Crim., 12 novembre 2015, pourvoi n°14-83.073

268 Voir en ce sens : CONTE (P.), Recel de choses. Immunité de l'auteur de l'infraction d'origine, *Dt pénal n° 1*, Janvier 2016, comm. 4 : *« Il ne faut pas confondre la prescription de l'infraction préalable commise par un tiers (le receleur est punissable), et la prescription de l'infraction préalable commise par le prétendu receleur lui-même (il ne l'est pas). Sans doute la solution était-elle évidente, mais elle va encore mieux en le disant. »*

269 DETRAZ (S.), note sous Cass. Crim. 12 novembre 2015, pourvoi n°14-83.073, *Gaz. Pal.*, 26 janvier 2016

270 CULIOLI (M.), JCl. Code Pénal, Art. 321-1 à 321-5, fasc. 30, n° 29

Par exemple, un individu a pu être condamné comme receleur alors même qu'il était fort probable qu'il soit l'auteur du vol mais que la preuve de sa culpabilité n'était pas suffisamment rapportée[271]. La liberté prise en l'espèce par les magistrats dans la détermination du véritable rôle du prévenu est en toute hypothèse critiquable : dès lors qu'on maintient le principe de l'exclusion du recel au bénéfice de l'auteur de l'infraction d'origine, les juges doivent prioritairement s'interroger sur la possibilité d'imputer cette qualité au prévenu[272].

Admettre le cumul de qualifications sur la personne de l'auteur de l'appropriation frauduleuse permettrait ainsi, comme pour le blanchiment, de diligenter des poursuites à son encontre pour recel alors même que le délit d'origine est prescrit. Dès lors, le prévenu ne pourrait plus invoquer la qualité d'auteur comme moyen de défense et les autorités de poursuite n'auraient pas besoin de recourir à des stratagèmes pour lui imputer le délit de recel de choses. Par ailleurs, l'impact d'une telle admission serait limité d'un point de vue répressif. Les articles 132-2 et suivants du Code pénal instaurent en effet un cumul limité des peines de même nature de sorte qu'en cas de concours réel d'infractions peut seule être prononcée une peine de cette nature dans la limite du maximum légal le plus élevé (en cas de procédure unique), ou si plusieurs peines sont prononcées (en cas de procédure séparée), elles s'exécutent sans pouvoir dépasser le maximum légal le plus élevé. Dès lors, les peines d'emprisonnement seraient plafonnées à cinq ans et les amendes à 375 000 euros (les peines prévues pour le recel), en dehors des hypothèses d'aggravation et des cas où l'infraction d'origine est réprimée plus sévèrement.

---

[271] Cass. Crim., 20 oct. 2010, pourvoi n° 09-88.387

[272] DETRAZ (S.), Recel de fichiers clients d'une entreprise, *JCP* 2010, §1273

La possibilité de procéder au cumul de qualifications permettrait également de réprimer avec la même sévérité le complice receleur et l'auteur receleur (B).

## B. La sévérité accrue à l'encontre du complice de l'infraction d'origine

Si la jurisprudence affirme que la qualification de recel est incompatible avec les différentes appropriations frauduleuses, il n'en va pas de même de leur complicité. Cette solution repose sur le fait que le complice ne commet pas l'infraction principale dans tous ces éléments constitutifs puisqu'il se contente soit d'aider l'auteur principal en lui fournissant des moyens de commettre son infraction, soit de l'y pousser par provocation ou par fourniture d'instructions[273]. Dès lors, ce n'est pas lui qui soustrait, qui détourne ou qui se voit remettre le bien et par conséquent les juges considèrent que la dissimulation, la détention ou la transmission de ce bien ne constituent pas le prolongement naturel de l'infraction d'origine, et l'agent se trouve alors en situation de concours réel d'infractions[274]. Au regard de ces considérations, la jurisprudence admet donc le cumul des qualifications en matière de complicité de vol[275], d'escroquerie[276], d'abus de biens sociaux[277] ou d'abus de confiance[278]. Cette solution, bien que justifiée juridiquement, nous semble toutefois critiquable à deux égards.

D'une part, à la manière de ce qui a été démontré précédemment, les juges peuvent être tentés d'user de stratagèmes pour imputer le recel à un agent alors même que l'infraction d'origine est prescrite. En effet, puisque les poursuites pour

---

[273] Voir l'article 121-7 du Code pénal pour la définition de la complicité

[274] CLEMENT (E.), Concours et cumul des infractions contre les biens, *AJ Pénal*, 16 mai 2017, p219

[275] Cass. Crim., 18 novembre 1965

[276] Cass. Crim., 10 octobre 1996

[277] Cass. Crim, 6 janvier 1970

[278] Cass. Crim, 9 février 1967

recel et pour complicité peuvent se cumuler, cela autorise la poursuite pour recel du complice de l'infraction d'origine alors même que celle-ci est prescrite. Les juges ont ainsi tout intérêt à considérer l'individu comme complice plutôt que comme auteur ou co-auteur de l'infraction préalable au recel. Une décision en date du 28 septembre 2016[279] peut d'ailleurs illustrer nos propos. En espèce, un individu est condamné pour recel de l'escroquerie commise par sa mère. Or, si cette condamnation est permise, alors même que l'escroquerie est prescrite, c'est parce que l'agent est considéré comme complice de celle-ci. Pourtant, les faits auraient pu permettre de considérer le prévenu non pas comme complice mais comme co-auteur de l'escroquerie[280] ce qui aurait eu pour conséquence d'empêcher l'exercice des poursuites.

D'autre part, l'opportunité répressive peut être discutée. L'admission d'un tel cumul conduit en effet à traiter le complice de l'infraction initiale avec plus de sévérité que l'auteur principal de cette infraction. Or, le complice se situe en retrait dans le processus de réalisation de l'infraction, son rôle n'est que participatif[281]. Il apparaît ainsi critiquable de lui faire encourir des peines plus lourdes que celles encourues par l'auteur principal. Comme en matière de blanchiment, admettre le cumul de qualifications permettrait de poursuivre le receleur qu'il soit auteur ou complice de l'infraction d'origine. Cela mettrait ainsi fin, du moins en partie, à cette incohérence dans la répression. Par ailleurs, une telle admission renforcerait les contours de la catégorie des infractions de conséquence en mettant fin aux disparités de régimes juridiques en son sein (§2).

---

[279] Cass. Crim 28 septembre 2016, pourvoi n° 15-84.485

[280] DETRAZ (S.), Escroquerie d'immeuble et recel consécutif, Recueil Dalloz, 2016, p2382

[281] MAYAUD (Y.), *Droit pénal général*, *op cit.*, §382

## §2. La fin des disparités au sein de la catégorie des infractions de conséquence

L'existence de solutions distinctes à propos du cumul de qualifications apparaît préjudiciable pour la catégorie des infractions de conséquence (A). Dès lors, admettre le cumul en matière de recel lui permettrait de retrouver son homogénéité et de renforcer ainsi les contours de cette catégorie (B).

### A. Des solutions divergentes préjudiciables pour la catégorie

L'existence de deux solutions distinctes, l'admission du cumul de qualifications pour le blanchiment et son rejet pour le recel, sur une question aussi importante que l'imputabilité des qualifications, a pu être considérée comme fissurant la catégorie des infractions de conséquence[282]. En effet, les divergences jurisprudentielles établissent une distinction entre les régimes juridiques des infractions de conséquence sur un point dont on pouvait pourtant estimer qu'il devait emporter une solution uniforme de la catégorie[283]. D'éminents auteurs se fondent d'ailleurs sur l'homogénéité supposée des régimes juridiques des infractions regroupées au sein d'une catégorie pour s'opposer à l'admission du cumul de qualifications. Il est ainsi affirmé par certains qu' *« étant donné que le blanchiment est comme le recel un délit de conséquences [...] on a du mal à comprendre la position de la Cour de cassation qui refuse d'appliquer dans le domaine du blanchiment la solution qu'elle a expressément consacrée en matière de recel »*[284] et par d'autres que *« l'infraction de blanchiment étant, comme le recel, une infraction de conséquence, cette seule nature particulière devrait interdire la répression de « l'auto-blanchiment », à la façon dont elle prohibe la*

---

[282] CHILSTEIN (D.), Retour sur la question de l'auto-blanchiment, *op cit.*, p96

[283] CAZALBOU (P.), *Etudes de la catégorie des infractions de conséquence : contribution à une théorie des infractions conditionnées*, *op cit.*, §1

[284] LEPAGE (A.), MATSOPOULOU (H.), *Droit pénal spécial*, *op cit.*, §922

*sanction de l' « auto-recel »*[285]. Mais, si l'homogénéité au sein de la catégorie nous semble également souhaitable, pourquoi le recel devrait-il nécessairement en être la référence ? Et partant, pourquoi le rejet du cumul de qualifications devrait-il être le principe ? L'évolution jurisprudentielle en matière de blanchiment témoigne d'une émancipation plus importante de ce délit de conséquence par rapport à l'infraction d'origine[286]. Or, nous avons pu démontrer qu'en l'état actuel des choses le recel est tout autant susceptible de se voir émancipé de la sorte, ce qui présenterait même des avantages d'un point de vue répressif. Dès lors, si la jurisprudence a pu faire vaciller la catégorie des infractions de conséquence[287], à l'inverse, elle la renforcerait en admettant le cumul des qualifications en matière de recel, ce qui mettrait ainsi fin à la disparité des régimes juridiques. L'homogénéité de la catégorie serait alors retrouvée (B).

## B. L'homogénéité retrouvée de la catégorie

L'admission du cumul des qualifications d'appropriation frauduleuse et de recel sur la tête d'un même individu permettrait d'homogénéiser les solutions au sein de la catégorie des infractions de conséquence, en supposant donc qu'elle existe[288]. Si la Cour de cassation a admis à plusieurs reprises que l'auto-blanchiment pouvait être réprimé c'est parce que le blanchiment est « *une infraction générale et autonome [...], distincte, dans ses éléments matériel et intentionnel, du crime ou du délit*

---

[285] CONTE (P.), Blanchiment. Element matériel de l'infraction, note sous Cass. Crim 28 octobre 2015, *Dt pénal n°1*, janvier 2016, comm. 3

[286] CHILSTEIN (D.), Retour sur la question de l'auto-blanchiment, *op cit.*, p96

[287] CAZALBOU (P.), *Etudes de la catégorie des infractions de conséquence : contribution à une théorie des infractions conditionnées*, *op cit.*, §1

[288] Voir pour une opinion contraire : CAZALBOU (P.)., *Etudes de la catégorie des infractions de conséquence : contribution à une théorie des infractions conditionnées*, *op cit.*, §804 : L'auteur, au terme de son étude, conclu à l'abandon de la catégorie des infractions de conséquence. Il propose de la remplacer par la catégorie plus large des *« infractions conditionnées »*, qui engloberait, en plus du recel et du blanchiment, la complicité.

*ayant généré un produit* ». Dès lors, à supposer que la Cour de cassation admette une telle solution pour le recel, la justification pourrait être identique : « *l'article 321-1 du Code pénal, instituant une infraction générale et autonome de recel, distincte, dans ses éléments matériel et intentionnel, du crime ou du délit dont provient la chose, réprime quel qu'en soit leur auteur, des agissements spécifiques de dissimulation et de transmission, de sorte que cette disposition est applicable à celui qui recèle la chose qui provient d'une infraction qu'il a commise* ». Les régimes juridiques du recel et du blanchiment se rapprochant alors sur ce point, un régime juridique uniforme de la catégorie des infractions de conséquence pourrait alors sembler se dégager. Se regrouperaient ainsi au sein de cette catégorie des infractions autonomes, dotées d'éléments constitutifs propres, dont la caractéristique principale résiderait dans la nécessaire commission d'une infraction préalable, et qui seraient imputables par principe, dans le respect du principe *non bis in idem*, quel qu'en soit l'auteur. Les exceptions à l'application des règles du concours réel d'infractions seraient ainsi posées par le législateur qui pourrait faire le choix d'écarter, soit explicitement soit en visant une personne tierce dans le texte d'incrimination, la possibilité d'imputer une infraction de conséquence à l'auteur de l'infraction d'origine.

# Conclusion

Au terme de notre étude, il apparaît que l'opposition « *dogmatique* »[289] à la poursuite pour recel de choses de l'individu qui se trouve être également l'auteur de l'infraction d'origine n'apparaît pas totalement fondée. Au contraire, il nous semble même qu'un tel cumul devrait être admis pour le recel, dans ses modalités dissimulation et transmission, comme l'admet la Cour de cassation pour le blanchiment. C'est qu'en effet, ni les textes d'incriminations, ni une quelconque immunité conférée par l'infraction d'origine, ni le principe *non bis in idem* n'apparaissent s'opposer de façon générale à l'admission du cumul des qualifications d'infraction d'origine et d'infraction de conséquence pour un même individu. Au contraire, les conditions nouvellement posées par la Cour de cassation semblent plutôt autoriser le cumul des qualifications toutes les fois où le principe *non bis in idem* ne l'interdit pas. Or, si l'autonomie de l'infraction de blanchiment justifie que son cumul avec l'infraction d'origine soit admis en cas d'actions distinctes caractérisées par des intentions distinctes, l'autonomie du recel devrait conduire à admettre une solution identique

---

[289] DETRAZ (S.), Recel de fichiers clients d'une entreprise, note sous Cass. Crim., 20 oct. 2010, n° 09-88.387, inédit, *JCP* 2010. 1273

# Index

*I*



*L*



*N*



*O*



*P*

*Q*



*R*



*S*



*T*

# Bibliographie

## MANUELS DE DROIT PENAL

BOULOC (B.), *Droit pénal général,* PrécisDalloz, 25è édition, 2017

CONTE (P.), *Droit pénal spécial*, LexisNexis, 5è édition, 2016

CONTE (P.), LARGUIER (J.), *Droit pénal des affaires*, Collin, 11è édition, 2004

CONTE (P.), LARGUIER (J.), FOURNIER (S.), *Droit pénal spécial*, Mémentos Dalloz, 15è édition, 2013

DREYER (E.), *Droit pénal général*, LexisNexis, 4è édition 2016, ; *Droit pénal spécial*, Ellipses, 3è édition, 2016

LEPAGE (A.)., *Droit pénal des affaires,* LexisNexis, 5è édition, 2018

LEPAGE (A.), MATSOPOULOU (H.), *Droit pénal spécial*, Thémis, 2015

LUCAS DE LEYSSAC (M.), MIHMAN (A.), *Droit pénal des affaires : Manuel théorique et pratique*, Economica, 2009

MALABAT (V.), *Droit pénal spécial*, Dalloz 7è édition, 2015

MAISTRE DU CHAMBON (P.), LEPAGE (A.), SALOMON (R.), *Droit pénal des affaires,* LexisNexis, 4è édition, 2015

MAYAUD (Y.), *Droit pénal général*, Presse universitaire de France, 5è édition, 2015

MERLE (R.), VITU (A.), Problèmes généraux de la science criminelle, droit pénal général, Cujas, 7è édition, 1997, p513

OLLARD (R.), ROUSSEAU (F.), *Droit pénal spécial,* Grand amphi 2è édition, 2015

PRADEL (J.), *Droit pénal général*, Cujas, 21è édition, 2016

PRADEL (J.), DANTI-JUAN (M.), *Droit pénal spécial*, Cujas, 6è édition, 2014 ; *Droit pénal spécial*, Cujas, 7è édition, 2017

RASSAT (M.), *Droit pénal général*, Ellipses, 4è édition, 2017

VERON (M.), *Droit pénal spécial*, Sirey 16è édition, 2017

## THESES

CAZALBOU (P.), *Etudes de la catégorie des infractions de conséquence : contribution à une théorie des infractions conditionnées*, Bibliothèque de sciences criminelles Tome 63, LGDJ, 2016

LETOUZEY (E.), *La répétition d'infractions,* Nouvelles bibliothèques de thèses, Dalloz, 2016

## ARTICLES

BEAUSSONIE (G.), Quelques observations à partir de (et non sur) l'« auto-blanchiment », *AJ Pénal,* 2016.192

BOULOC (B.), De quelques aspects du délit de blanchiment, *Revue de Droit bancaire et financière*, 2002, §152 ; Remarques sur l'élément matériel du recel, *Mélanges en l'honneur du professeur* R. *Ottenhof*, Dalloz, 2006, p. 253 et s.

CARBONNIER (J.), Du sens de la répression applicable aux complices selon l'article 59 du Code pénal, *JCP G*, 1952, I, 1034

CHILSTEIN (D.), Retour sur la question de l'auto-blanchiment, *Mélanges en l'honneur du professeur Jacques-Henri Robert*, LexisNexis, 2012, p96

CONTE (P.), Blanchiment. Élément matériel de l'infraction., note sous Cass. Crim., 28 octobre 2015, *Dt pénal n°1*, janvier 2016, comm. 3 ; Immunité de l'auteur de l'infraction d'origine, *Droit pénal n°1*, janvier 2016, comm.4 ;

Les limites de la répression de l'auto-blanchiment, *Droit pénal n°1,* janvier 2017 comm. 1,

CLEMENT (E.), Concours et cumul des infractions contre les biens, *AJ Pénal*, 16 mai 2017, p219

CUTAJAR (C.), L'auteur de l'infraction principale et le blanchiment, *Dalloz*, 2004, n° 19, pp.1377-1379 ; Le blanchiment, une infraction générale, distincte et autonome, *Dalloz* 2008, p 1585

DEFFERRARD (F.), Les métamorphoses de la législation française « anti-blanchiment », *Gaz. Pal.* 23-24 oct. 2009, p. 2953

DETRAZ (S.), Recel de fichiers clients d'une entreprise, note sous Cass. Crim., 20 oct. 2010, n° 09-88.387, inédit, *JCP* 2010. 1273 ; Le délit de recel ne peut être reproché à la personne qui aurait commis l'infraction principale, celle-ci fût-elle prescrite, *Gazette du Palais*, 26 janvier 2016 ; Escroquerie d'immeuble et recel consécutif, *Recueil Dalloz*, 2016, p2382

DUCOULOUX-FAVARD (C.), Recel et blanchiment : deux délits de conséquences, *Gaz Pal* 2003, 1, 15

GALLOIS (J.), Rejet du cumul des délits de recel et de blanchiment ou la montée en puissance du principe ne bis in idem, *AJ Pénal*, 16 janvier 2017, p35

LARGUIER (M.), Immunités et impunités découlant pour l'auteur d'une infraction antérieurement commise par celui-ci, *JCP G* 1961, I, 1601 bis

LASSERRE CAPDEVILLE (J.), Précisions utiles sur l'autonomie du délit de blanchiment, *AJ Pénal*, 2010, §441

LEGAL (A.), Conséquences de l'amnistie pour le complice ou le receleur, *RSC*, 1954, p760

MALABAT (V.), Blanchiment, complicité de blanchiment et recel de sa propre faute fiscale : variations sur un même fait ? note sous Cass. Crim. 20 février 2008, *RPDP*, 2008, p. 402

MATSOPOULOU (H.), L'article 324-1, alinéa 2, du Code pénal est applicable à l'auteur du blanchiment du produit d'une infraction qu'il a lui-même commise, *JCP*, 2004, II, 10081 ; Précisions jurisprudentielles sur le délit de blanchiment de fraude fiscale, *RSC*, 2008, p607

SEGONDS (M.), La généralité, la distinction et l'autonomie du délit de blanchiment, *RPDP*, 2010, p447 ; L'autonomie procédurale des infractions de blanchiment, note sous Cass. Crim. 31 mai 2012, *RPDP*, 2012, p.928 ; Commentaire de la loi n°2013-1117 du 6 décembre 2013 relative à la lutte contre la fraude discale et la grande délinquance économique et financière, *Dt. Pénal*, 2014, étude n°3

VERON (M.), Le recel d'odeur de pastis, Réflexion sur l'élément matériel du recel, *Dt pénal*, avril 1990, chronique p. 1 ; Le blanchiment de soi-même, note sous Cass. Crim 14 janvier 2014, *Dt. Pénal*, 2004, comm. 48 ; Blanchiment de fraude fiscal, complicité et recel : le cumul possible, *Dt pénal*, 2008, comm 67.

### JURISCLASSEUR

CULIOLI (M.), JCl. Pénal Code, Art. 321-1 à 321-5, fasc. 30, n° 29

DAURY-FAUVEAU (M.), JCL. Code Pénal, article 321-1, §15

### REPERTOIRE DALLOZ

MAISTRE DU CHAMBON (P.), *« Recel »*, Répertoire Pénal Dalloz, 2009 (actualisation février 2018)

SEGONDS (M.), *« Blanchiment »*, Répertoire de droit pénal et de procédure pénale, octobre 2017

### RAPPORT

Rapport du sénateur Pouille et celui du député Girard-Madoux, Recueil Dalloz, 1918, IV, 159

# Table des matières

# DROIT

# AUX ÉDITIONS L'HARMATTAN

*Dernières parutions*

**L'EXPLOITANT DE BANQUE ET LE DROIT AU TCHAD**

*Thomas Dingamgoto*

De toutes les activités entrepreneuriales, le secteur bancaire est de celles qui font l'objet d'un encadrement législatif scrupuleux et d'une veille règlementaire permanente. Si l'histoire du droit bancaire tchadien est étroitement liée à celle du droit bancaire français, les textes législatifs et règlementaires des activités bancaires au Tchad ont connu des évolutions internes notables. Pour l'exploitant de banque comme pour l'ensemble des acteurs de la chaîne économique et financière, ces mutations rendent indispensables l'appropriation de ces normes nouvelles.

*(Coll. Études Eurafricaines, 674 p., 49 euros)*

*ISBN : 978-2-343-16034-4, EAN EBOOK : 9782140104879*

**L'ÉGALITÉ DE L'HOMME ET DE LA FEMME DANS LE MARIAGE**

**Etude comparée des droits du Bénin, du Burkina Faso et du Mali**

*Aïssata DABO*

Des États africains ont rénové leurs législations sur le mariage dans l'idée de les conformer au dispositif juridique international, qui place désormais l'égalité homme-femme au centre des débats. Toutefois, l'objectif est largement dévié par le pluralisme juridique qui demeure, en droit et en fait, un frein pour l'indifférenciation des droits des sexes. Cet ouvrage se propose de rechercher la mesure de l'égalité, en matière de mariage, réellement promue par les droits béninois, burkinabè et malien.

*(Coll. Études africaines, 614 p., 49 euros)*

*ISBN : 978-2-343-15377-3, EAN EBOOK : 9782140105197*

**LA NATIONALITÉ ET L'APATRIDIE EN AFRIQUE**

*Charles Lasserre Yakite*

Le droit à la nationalité est un droit humain fondamental reconnu par le droit international. Les apatrides ne peuvent se prévaloir de la protection de la nationalité et sont donc vulnérables à la privation de leurs droits. Les États africains doivent élaborer des cadres législatifs et mettre en place des politiques nationales pour lutter contre l'apatridie. Cet ouvrage vise à faire des recommandations à l'Union africaine et aux organisations internationales intéressées pour résoudre l'épineux problème de nationalité et de l'apatridie.

*(Coll. Études africaines, 156 p., 17 euros)*

*ISBN : 978-2-343-15353-7, EAN EBOOK : 9782140104725*

## LE CONTENTIEUX DE L'ANNULATION AU CONGO

*Lovane Lhakhy-Tsamby*

Dans ce livre, l'auteur examine la question relative au contentieux de l'annulation, au Congo. Lorsqu'un acte administratif est entaché d'illégalité, il est susceptible d'annulation. Au Congo, l'annulation d'un acte administratif illégal relève de la compétence exclusive de la chambre administrative de la Cour suprême. La Cour constitutionnelle est exceptionnellement compétente pour annuler un acte administratif entaché d'illégalité lorsqu'il est pris dans le domaine électoral. Elle n'est pas juge de la légalité des actes administratifs au même titre que le juge administratif ordinaire.

*(Coll. Harmattan Congo-Brazzaville, 120 p., 14 euros)*

*ISBN : 978-2-343-15430-5, EAN EBOOK : 9782140104305*

## PROTECTION DE LA QUALITÉ DES EAUX DOUCES AU CANADA ET DANS L'UNION EUROPÉENNE

### Le partage des compétences

*Claire Joachim*

Cet ouvrage analyse l'organisation des rapports entre les ordres juridiques par le droit constitutionnel canadien et le droit de l'Union européenne. Cette étude est innovante car : la grille d'analyse du droit constitutionnel canadien a été appliquée à l'Union européenne. Ce qui met en évidence des mécanismes similaires dans le partage des compétences. Le domaine de la protection de la qualité des eaux douces a été choisi pour révéler les enjeux de ces relations dans une perspective globale. Ce travail fait ressortir que l'intégration européenne est accentuée par une centralisation des compétences. Ainsi, la sphère du pouvoir des états membres se vide progressivement de sa substance. Le droit entrerait donc en mutation à l'aune de la protection de l'environnement.

*(Coll. Le Droit aujourd'hui, 546 p., 49 euros)*

*ISBN : 978-2-343-10974-9, EAN EBOOK : 9782140104541*

## LE BIEN-ÊTRE ANIMAL : DE LA SCIENCE AU DROIT

*Sous la direction de Sophie Hild et Louis Schweitzer*

Chercheurs, experts, membres de la Commission européenne ou du ministère de l'Agriculture se sont succédé pour répondre à plusieurs questions du plus haut intérêt : quelle définition scientifique donner au bien-être de l'animal ? Sur quels critères l'évaluer ? Quels droits nationaux ou internationaux le prennent-ils en compte ? Quels animaux sont concernés ? Quels obstacles s'opposent au souci d'assurer le bien-être animal ? Les réponses données conforteront les démarches à conduire en faveur de dispositions réglementaires nouvelles.

*(Coll. Colloques et rencontres, 364 p., 37 euros)*

*ISBN : 978-2-343-15918-8, EAN EBOOK : 9782140104329*

## DROITS FONCIERS DES FEMMES ET DES CADETS SOCIAUX EN CÔTE D'IVOIRE

*Cellule de Suivi et d'Analyse de la Mise en Oeuvre de la Loi sur le Foncier Rural*

Le séminaire-atelier "Sécurisation des droits fonciers des femmes et cadets sociaux en milieu rural" tenu à Grand-Bassam en 2017 avait pour objectif d'identifier les dispositions, existantes ou à adopter, pour améliorer la sécurisation des droits fonciers des femmes et des cadets sociaux en milieu rural. Comment comprendre la nature des obstacles qui y nuisent, identifier et clarifier les dispositions qui existent dans le cadre juridique et institutionnel de la Côte d'ivoire ? les services centraux et décentralisés de l'Administration, Chambre des Chefs et Rois Traditionnels de Côte d'Ivoire, partenaires internationaux de développement, organisations professionnelles agricoles, notaires, juristes, géomètres, chercheurs, ONG, presse etc, tous sont concernés par cette problématique.

*(Coll. Harmattan Côte-d'Ivoire, 192 p., 22 euros)*

*ISBN : 978-2-343-15394-0, EAN EBOOK : 9782140103728*

## L'UNIVERS CARCÉRAL, LA MÈRE DÉTENUE ET SON ENFANT

*Elaine Mangin*

Sur les 80 893 personnes écrouées en France au 1er février 2018, on dénombre 3103 femmes. 2482 sont détenues au sein d'un établissement pénitentiaire, exécutant une peine privative de liberté. Parmi elles, des mères de famille qui ont souvent la charge exclusive des enfants restés en milieu libre, mais aussi des femmes incarcérées avec leur bébé. Mais les efforts du droit positif et de la pratique pénitentiaire pour leur assurer le respect de la vie familiale et veiller au maintien d'un lien mère-enfant sain, des difficultés juridiques et psychologiques subsistent.

*(Coll. Bibliothèques de droit, 158 p., 17,5 euros)*

*ISBN : 978-2-343-15834-1, EAN EBOOK : 9782140103681*

## CONSTITUTIONNALISME ET MÉTISSAGE CULTUREL AU-DELÀ DES DROITS DE L'HOMME

*Salvatore Bonfiglio*

Les sociétés multiculturelles demandent une réinterprétation des principes constitutionnels, capable de favoriser la cohésion sociale, notamment par l'extension des droits fondamentaux aux « non-citoyens ». Il s'agit de reconnaître à l'individu en tant que tel un statut de droits fondamentaux, pour affirmer ainsi le caractère à la fois moral et juridique de la dignité de la personne.

*(Coll. Harmattan Italia, 208 p., 26 euros)*

*ISBN : 978-2-336-31233-0, EAN EBOOK : 9782140103193*

## LA PROCÉDURE

*Sous la direction de Joanna Genovese et Giovanna Debernardi*

La procédure est souvent perçue par les parties comme une source de difficultés supplémentaires dans la résolution d'un conflit. Elle est en réalité protectrice des droits des individus. Il n'existe pas qu'une procédure mais une pluralité. Il est question de procédure civile, de procédure collective, de procédure pénale... La procédure s'adapte en fonction des contraintes et besoins tant par la dématérialisation que la déjudiciarisation.

*(Coll. Droit privé et sciences criminelles, 138 p., 16,5 euros)*

*ISBN : 978-2-343-15460-2, EAN EBOOK : 9782140102769*

## LE RECOURS AUX MODES ALTERNATIFS DE RÈGLEMENT DES LITIGES EN MATIÈRE DE PROPRIÉTÉ INTELLECTUELLE

*Jean Tankeu*

*Préface de Joseph Fometeu*

La mondialisation et le développement des échanges économiques posent de nouveaux défis en matière d'application des droits de propriété intellectuelle. Plus le commerce et les affaires s'intensifient au niveau international, plus la question des effets des droits de propriété intellectuelle et de leur application au-delà des frontières nationales devient pertinente. D'où le développement du contentieux non juridictionnel international de la propriété intellectuelle auquel l'auteur consacre cet ouvrage.

*(326 p., 33 euros)*

*ISBN : 978-2-343-15648-4, EAN EBOOK : 9782140102653*

## MÉTHODOLOGIES DE LA SÉCURITÉ URBAINE

*François Dieu, Bruno Domingo*

Quelles sont les méthodologies de la sécurité urbaine ? Comment réaliser un diagnostic local de sécurité ? Quelles sont les précautions à prendre avec les chiffres de la délinquance ? Comment mesurer le sentiment d'insécurité et la victimisation ? Quelles sont les modalités de diffusion de l'information au sein des dispositifs de prévention ? Comment mettre en place un observatoire local de la délinquance ? En bref, comment impulser une réflexion objective et un partenariat dynamique pour une politique de sécurité efficace ?

*(Coll. République et sécurité, 276 p., 28,5 euros)*

*ISBN : 978-2-343-15718-4, EAN EBOOK : 9782140102295*

## DROIT DES ENTREPRISES INDIVIDUELLES

**Commerçant / Entreprenant / Bail à usage professionnel / Fonds de commerce / Vente commerciale / Commerce électronique**

*Cheikh Abdou Wakhab Ndiaye*

L'entreprise est une notion moderne et polysémique qui n'a fait son apparition que très récemment dans le droit sénégalais. L'entreprise individuelle concerne le commerçant, personne physique, et l'entreprenant. Son droit est un véritable droit du développement. Il matérialise une volonté de promouvoir l'initiative privée par, d'une part, la facilitation des conditions d'accès au monde des affaires et, d'autre part, la mise en place d'un climat favorables aux investissements. Il est ainsi un creuset où les droits OHADA, UEMOA et sénégalais sont conjugués pour la réalisation de cette ambition.

*(Coll. Harmattan Sénégal, 404 p., 40 euros)*

*ISBN : 978-2-343-15882-2, EAN EBOOK : 9782140102196*

## Structures éditoriales du groupe L'Harmattan


**L'Harmattan Italie**
Via degli Artisti, 15
10124 Torino
harmattan.italia@gmail.com

**L'Harmattan Hongrie**
Kossuth l. u. 14-16.
1053 Budapest
harmattan@harmattan.hu

**L'Harmattan Sénégal**
10 VDN en face Mermoz
BP 45034 Dakar-Fann
senharmattan@gmail.com

**L'Harmattan Cameroun**
TSINGA/FECAFOOT
BP 11486 Yaoundé
inkoukam@gmail.com

**L'Harmattan Burkina Faso**
Achille Somé – tengnule@hotmail.fr

**L'Harmattan Guinée**
Almamya, rue KA 028 OKB Agency
BP 3470 Conakry
harmattanguinee@yahoo.fr

**L'Harmattan RDC**
185, avenue Nyangwe
Commune de Lingwala – Kinshasa
matangilamusadila@yahoo.fr

**L'Harmattan Congo**
67, boulevard Denis-Sassou-N'Guesso
BP 2874 Brazzaville
harmattan.congo@yahoo.fr

**L'Harmattan Mali**
Sirakoro-Meguetana V31
Bamako
syllaka@yahoo.fr

**L'Harmattan Togo**
Djidjole – Lomé
Maison Amela
face EPP BATOME
ddamela@aol.com

**L'Harmattan Côte d'Ivoire**
Résidence Karl – Cité des Arts
Abidjan-Cocody
03 BP 1588 Abidjan
espace_harmattan.ci@hotmail.fr

**L'Harmattan Algérie**
22, rue Moulay-Mohamed
31000 Oran
info2@harmattan-algerie.com

**L'Harmattan Maroc**
5, rue Ferrane-Kouicha, Talaâ-Elkbira
Chrableyine, Fès-Médine
30000 Fès
harmattan.maroc@gmail.com


## Nos librairies en France


**Librairie internationale**
16, rue des Écoles – 75005 Paris
librairie.internationale@harmattan.fr
01 40 46 79 11
www.librairieharmattan.com

**Lib. sciences humaines & histoire**
21, rue des Écoles – 75005 Paris
librairie.sh@harmattan.fr
01 46 34 13 71
www.librairieharmattansh.com

**Librairie l'Espace Harmattan**
21 bis, rue des Écoles – 75005 Paris
librairie.espace@harmattan.fr
01 43 29 49 42

**Lib. Méditerranée & Moyen-Orient**
7, rue des Carmes – 75005 Paris
librairie.mediterranee@harmattan.fr
01 43 29 71 15

**Librairie Le Lucernaire**
53, rue Notre-Dame-des-Champs – 75006 Paris
librairie@lucernaire.fr
01 42 22 67 13

www.ingramcontent.com/pod-product-compliance
Lightning Source LLC
LaVergne TN
LVHW051353061026
849535LV00009B/3157
* 9 7 8 2 3 4 3 1 6 6 2 4 7 *